# CHAKREN

## DEINE SIEBEN ENERGIEZENTREN

ELIZABETH CLARE PROPHET
*and* PATRICIA R. SPADARO

Aus dem Amerikanischen von Andrea Fischer



SILBERSCHNUR

This book was originally published in English and printed in the U.S.A. This German edition is published under the terms of a License Agreement between Verlag "Die Silberschnur" and Summit University Press.

Originaltitel: *Your Seven Energy Centers - A Holistic Approach to Physical, Emotional and Spiritual Vitality* from the Pocket Guides to Practical Spirituality Series by Elizabeth Clare Prophet and Patricia R. Spadaro

Contact:
Summit University Press
1 East Gate Road, Gardiner, Montana 59030, U.S.A.
Tel.: 406-848-9500 - Fax: 406-848-9555 - E-Mail: info@summituniversitypress.com
Website: http://www.summituniversitypress.com



Katalognummer im Library of Congress Catalog: 00-101 825
ISBN: 0-922729-56-5
SUMMIT UNIVERSITY PRESS



ISBN: 3-89845-107-0

1. Auflage 2005

Lektorat: Achim Niermann
Gestaltung & Satz: Xpresentation, Boppard
Druck: Finidr, s.r.o., Cesky Tesin, Tschech. Republik

Verlag "Die Silberschnur" GmbH, Steinstr. 1, D-56593 Güllesheim
www.silberschnur.de E-Mail: info@silberschnur.de

# INHALTSVERZEICHNIS

Hinweis:
Da die geschlechtsneutrale Sprache nicht nur unhandlich, sondern manchmal auch verwirrend ist, beziehen wir uns im folgenden Text oft mit “er” und “ihn” auf Gott oder das menschliche Individuum und mit “man” auf die Menschen generell. Dies soll lediglich die Lesbarkeit des Textes erleichtern und ist keinesfalls dazu gedacht, das weibliche Geschlecht bzw. den femininen Aspekt des Göttlichen auszuschließen. Auch die Verwendung der Begriffe “Gott” oder “Geist” zielt keineswegs darauf ab, andere Bezeichnungen für das Göttliche auszuschließen.

# Harmonisierung von Körper, Verstand und Geist

*„Der menschliche Körper ist nur
Vitalität, Energie und Geist ...
Wer den großen Weg gehen möchte,
muss diese drei Schätze hüten."*

- LÜ YEN

Vitalität - wer möchte sie nicht besitzen? Doch nur wenigen unter uns gelingt es in unserer heutigen komplexen und stressreichen Zeit, sie zu erzielen - und zu bewahren. Der Grund hierfür ist, dass wahre Vitalität mehr als nur guten Schlaf, Vitamine und "aufputschendes" Essen bedeutet. Wahre Vitalität umfasst Körper, Emotionen *und* Geist.

Vitalität erreicht man, wenn man unsere wichtigste natürliche Quelle verstehen lernt - die Energie. Man erlangt Vitalität, wenn man weiß, wie man diese

Energiequelle anzapfen kann. Wie man die Blockaden beseitigt, um diese Anbindung herzustellen. Wie man den Energiefluss meistert, um sein volles Potenzial zu leben.

Die spirituellen Traditionen dieser Welt mit ihrem alten Wissen haben uns viel darüber zu vermitteln, wie man Körper, Geist und Seele vitalisiert. Immer wieder ist in diesen Traditionen die Rede von den sieben Seinsebenen und den sieben Zentren, die für den Energieaustausch zwischen der spirituellen Welt und unserer Welt sorgen.

Die sieben Himmel des Judentums, die sieben Stufen des Baums des Lebens der Kabbala[1)], die sieben heiligen Sakramente des Christentums und die sieben Chakren des Hinduismus und Buddhismus - sie alle dienen dazu zu beschreiben, wie wir diese höheren Ebenen des spirituellen Bewusstseins anzapfen können, um den Energiefluss vom Geist zur Materie, vom Himmel zur Erde und von innen nach außen zu beschleunigen.

Ausgangspunkt dieses Buches ist das alte Wissen der östlichen Traditionen über die sieben Energiezentren des Körpers, auch "Chakren" genannt. Das Netzwerk dieser Chakren ist unsere "Straßenkarte", die uns dabei helfen kann, unsere physischen, emotionalen und geistigen Welten zu ergründen. Denn es steckt da viel mehr in uns - und unserer Vitalität - als sich dem menschlichen Auge darbietet.

# Koordinaten des Geistes

Unsere Energiezentren funktionieren auf feinstofflichen Ebenen, die für unser menschliches Auge nicht sichtbar sind. Doch sie beeinflussen jeden Aspekt unseres Lebens, darunter unsere Vitalität, unsere Kreativität und unser Wohlbefinden.

Mit einfachen Worten ausgedrückt: Wir können uns die sieben Energiezentren als Empfangs- und Sendestationen für die Energie vorstellen, die jeden Augenblick zu uns, durch uns und aus uns heraus fließt. Jedes Zentrum gleicht einer Trafostation, die diese mächtige Energie des Geistes auf verschiedene Ebenen unseres Seins transformiert und dadurch unseren Körper, unseren Geist und unsere Seele nährt. Jedes dieser Zentren spielt eine einzigartige Rolle in unserem täglichen Leben und für den Prozess unseres spirituellen Wachstums.

Die sieben Hauptenergiezentren sitzen auf der ätherischen Ebene an der Basis unserer Wirbelsäule, in der Mitte zwischen dieser Basis und dem Nabel, in Höhe des Nabels, des Herzens, der Kehle, zwischen den Augenbrauen sowie an unserem Scheitelpunkt.[2)] Jeder von uns hat schon diesen Energiefluss durch unsere sieben Chakren gespürt, sei es bewusst oder unbewusst.

Mit Hilfe der Energie unseres Wurzelchakras können wir uns mit der Erde und der Natur verbinden und geerdet und praktisch orientiert bleiben, wenn wir unseren Alltag auf der körperlichen Ebene tagtäglich meistern. Gemeinsam mit dem Chakra "Sitz der Seele" reguliert es unsere Sexualität. Dieses "Sitz der Seele"-Chakra ist auch an unsere Darmfunktionen und Gefühle angeschlossen, und wir können mit seiner Hilfe unsere Seele befreien, um deren Lebensplan zu erfüllen. Über den Solarplexus, das Zentrum des Friedens, drücken wir unsere Emotionen und Wünsche aus und meistern diese.

Unser Herzzentrum inspiriert uns zu Mitgefühl und Großzügigkeit, um "Liebe in Aktion" zu sein. Über das Kehlchakra haben wir Zugang zu unserer unermesslichen Willenskraft und dem gesprochenen Wort, mit dem wir unsere Persönlichkeit und die Welt verändern können. Unser Drittes Auge ermöglicht es uns, uns zu konzentrieren, eine Situation klar zu sehen und uns an die höchste Wahrheit anzuschließen. Über das Kronenchakra schließlich lenken wir unseren Intellekt, empfangen Funken der Erkenntnis und erfahren Erleuchtung.

Die Chakren sind Kontaktstellen mit Dimensionen, die über unser körperliches Sein hinausgehen, und dennoch stehen sie mit dem Körperlichen in Verbindung. Sie sind sozusagen Koordinaten des Geistes mitten in unserem Körper.

Die Vorstellung, dass die materielle Welt und unser eigener Körper ein Spiegelbild der spirituellen Welt sind, stammt bereits aus alten Zeiten. "Wie das Atom, so das Universum", sagen die Upanischaden. "In der Schale eines Hirsekörnchens kann man ein ganzes Universum finden ... In der Pupille unseres Auges liegt die endlose Weite des Himmels", schreibt der Sufi-Dichter Mahmud Shabestari. Und im berühmten Lehrsatz der Hermetik heißt es: "Wie im Großen, so im Kleinen. Wie oben, so unten." Mit anderen Worten, das Muster des Geistes ist unauslöschlich in das Webmuster unseres Seins eingeprägt.

*»Was vor uns und hinter uns liegt, ist völlig unbedeutend angesichts dessen, was in uns liegt.«*

- RALPH WALDO EMERSON

Die Weisen und Heiler dieser Welt lehren uns, dass unsere Heilkraft durch unsere innere Resonanz mit dem Göttlichen aus uns selbst heraus stammt. Der hellsichtige Heiler des 20. Jahrhunderts, Edgar Cayce, lehrte beispielsweise, dass jegliche Heilung erfolgt, wenn man "jedes Atom des Körpers und jede Regung der geistigen Kräfte in das göttliche Bewusstsein einstimmt", das sich in jedem Atom und jeder Zelle des Körpers befindet. Er sagte auch, dass wahre Heilung nur stattfinden kann, wenn das spirituelle Selbst erwacht.

Unsere sieben Energiezentren sind die Tore zu diesem spirituellen Selbst. Wenn wir die Funktionsweise dieser Energiezentren verstanden haben, können wir mit ihnen arbeiten und unseren Körper, unseren Geist und unsere Gefühle wieder in Balance mit unserer wahren Natur bringen.

## Krafträder des Lebens

Das Wort "Chakra" stammt aus dem Sanskrit und bedeutet "Rad" oder "Scheibe". Jedes Chakra wird symbolisch als Lotusblüte mit einer unterschiedlichen Anzahl von Blütenblättern dargestellt. Je mehr Blütenblätter das Chakra besitzt, desto höher ist seine Eigenfrequenz oder Schwingung. Die alten Weisen lehrten, dass die spirituelle Urkraft des Lebens (bekannt unter der Bezeichnung "Kundalini") im Wurzelchakra am Ende der Wirbelsäule versiegelt sitzt.

Diese mächtige, verborgene Energie können wir durch Akte der Liebe, Dienst am Leben, Meditation und Gebet wecken. Wenn die Kundalini die Wirbelsäule emporsteigt, aktiviert sie auf ihrem Weg jedes Chakra und lässt das "Rad" sich drehen, die "Lotusblüte" erblühen.

Das siebte Energiechakra, das Kronenchakra, ist als "tausendblättriger Lotus" bekannt. Ist dieses Zentrum ganz geöffnet, so erreichen wir den Zustand der Erleuchtung, wie es die Buddhisten nennen. Statuen und Thankas zeigen Buddha oft in diesem Zustand, mit einer Feueraura umgeben und einer Art Flamme auf dem Kopf, die seinem Scheitel entspringt. Künstler des Christentums stellen diesen Zustand als goldenen Heiligenschein über den Köpfen der Heiligen dar.

Wenn sich die Energieräder "drehen", gibt jedes seine einzigartige Frequenz und Farbe ab, die jeweils einem der sieben Lichtstrahlen des Regenbogens entspricht. Könnten wir uns auf der geistigen Ebene selbst sehen, würden wir jedoch wahrnehmen, dass das Licht, das aus jedem Chakra entströmt, in Intensität und Reinheit variiert, je nachdem, ob die Energie, die durch den Kanal unserer Chakren fließt, ausbalanciert oder blockiert ist. Sind diese Ströme ganz stark und rein, so ist dies ein Hinweis darauf, dass die Energie stark und harmonisch fließt. Schwächere, träge Ströme weisen auf einen blockierten Energiefluss im betreffenden Chakra hin.

Ist ein Energiezentrum blockiert, kann es zu Müdigkeit oder gesundheitlichen Problemen, Gefühlsschwankungen und Lethargie kommen. Fließt die Energie frei durch ein Energiezentrum, so fühlen wir uns energiegeladen, kreativ und im Frieden.

## Die Lehre vom Fluss der Energie

Alles im Leben ist Energie. Die Mystiker definierten sogar Gott als Licht, als Energie und als den Fluss dieses Lichts und der Energie.* Im ersten Kapitel des Johannes im Neuen Testament heißt es: "Gott ist Licht". "In jedem Atom", so sagte Shabestari, "liegt das gleißende Licht Tausender von Sonnen." Und im Tao Te King lehrt der weise Lao Tse aus China: "Ein mysteriöses Gebilde, das vor der Entstehung von Himmel und Erde geboren wurde ... stets allgegenwärtig und in Bewegung ... Ich kenne es nicht mit Namen. Nennen wir es 'Tao'. In Ermangelung eines besseren Wortes nenne ich es 'großes Etwas'. Weil es groß ist, fließt es. Es fließt weit weg. Wenn es weit weggeströmt ist, kehrt es zurück."[3)]

Für Lao Tse lautete die Definition des Universums "Fluss, Bewegung". Das Leben, das durch unsere Adern, unser Gehirn und unser Herz pulsiert, ist Energie - Bewegung - Gott. Lao Tse erklärt uns auch, dass es im Universum und in unserem Leben eine natürliche Ordnung gibt. Wenn wir gegen diese Ordnung arbeiten, schaffen wir nach seinen Worten Disharmonie und Unglück.

* In einigen Traditionen bezeichnet man diese Energie als "Chi" oder "Prana".

Die Entscheidung liegt bei uns. Jeden Augenblick unseres Lebens fließt der kristallklare Strom des Lebens in seinem natürlichen Rhythmus von unserer Quelle auf uns nieder. Diese Energie wird zunächst zu unserem Herzzentrum gelenkt, und von dort aus zu unseren anderen Chakren. Es ist diese Lebenskraft, die unser Herz schlagen lässt, die uns den Anstoß gibt, zu wachsen und uns weiterzuentwickeln, und die Organe und Systeme unseres Körpers mit Energie füllt.

Doch wir verfügen stets über unseren freien Willen. Wir können diese Energie auf positive Weise benutzen oder den natürlichen Fluss in Aufruhr bringen, indem wir uns entgegen unserer spirituellen Natur verhalten. Wir können die Energie unseres Herzzentrums beispielsweise dazu benutzen, um auf natürliche Weise freundlich, liebevoll und wohltätig zu sein. Wir können sie jedoch auch dazu benutzen, egoistisch und geizig zu handeln. Die Kraft unseres Kehlchakras können wir ausdrücken, indem wir eine Kommunikation führen, die fürsorglich oder auch kritisch gefärbt ist.

Je nachdem, wie wir uns entscheiden, hat dies auch seine Konsequenzen. Wenn wir Energie benutzen, um auf positive Weise zu denken, zu fühlen oder zu handeln, so ziehen wir mehr von dieser positiven Energie an, gerade so, wie mit einer Ansaugpumpe. Formen wir diese Energie auf eine Art und Weise um, die nicht unserem wahren inneren Wesen entspricht, so entstehen geistige und emotionale Gifte, die den Energiefluss blockieren. Ebenso, wie körperliche Gifte und Substanzen, wie Cholesterin, sich in unseren Adern und Venen anlagern können und damit die Nährstoffversorgung des Blutes hemmen, können auch geistige und emotionale Toxine, die sich energetisch in unseren Chakren und um sie herum ansammeln, den freien Energiefluss in uns behindern.

Da jedes Chakra die Energie, die es erhält, über eine bestimmte Drüse oder eine bestimmte Körperzone nach außen bringt, beeinträchtigen diese Blockaden unsere Gesundheit und führen zu Müdigkeit, Depression oder sogar Krankheit. Oder wir scheinen einfach die Ziele, die wir uns im Leben gesteckt haben, nicht mehr zu erreichen. Wenn ein Chakra überstimuliert wird (indem es ständigem Stress ausgesetzt ist), unterstimuliert wird (indem es ignoriert wird und damit verkümmert) oder seiner natürlichen Vitalität beraubt wird (indem man seine Energien unüberlegt vergeudet), kann dies zu Blockaden im Energiesystem unseres Körpers führen.

> *»Sei dir stets bewusst, dass du ein Energiewesen und ein körperliches Wesen zugleich bist.«*
>
> - CAROLINE MYSS

Da alle unsere Energiezentren miteinander verbunden sind, beeinträchtigt das, was in einem Chakra vor sich geht, gleichzeitig unser gesamtes Energiesystem. Ist irgendein Zentrum blockiert, kann dies das gesamte restliche System aus der Bahn bringen.

Das ist noch nicht alles. Der Zustand unserer Chakren wirkt sich auch auf die Personen aus, mit welchen wir zu tun haben. Denn die Energie unserer Chakren färbt und formt das elektromagnetische Kraftfeld, oder die Aura, die jeden von uns umgibt. Dieses Energiefeld durchdringt und beeinflusst das Feld derjenigen Menschen, die uns umgeben - zu deren Vorteil oder Nachteil. Wir alle wissen, wie schön es sich anfühlt, wenn wir in der Nähe einer Person sind, die freundlich, fröhlich und liebevoll ist im Gegensatz zum Umfeld einer depressiven oder griesgrämigen Person. Beides kann ansteckend sein.

## Die Energie speichern

Nicht nur die *Qualität* der Schwingung, die wir über unsere Chakren aussenden, sondern auch die *Quantität* dieser Schwingung wirkt sich auf unsere Vitalität und Lebenskraft aus. Wie viel Energie können wir denn tatsächlich speichern? Menschen, die beständig Wutausbrüche haben, erhalten viel Energie, können diese jedoch weder speichern, noch meistern.

Es handelt sich um eine ganz einfache Gleichung: Je mehr Energie wir speichern und meistern können, desto mehr persönliche Kraft steht uns zur Verfügung. Je mehr Kraft wir haben, desto mehr Energie können wir aufbringen, um positive Veränderungen in unserem Leben und im Leben der Menschen in unserem Umfeld zu bewirken. In der Tat können Menschen, die in ihren Chakren außergewöhnliche Energiemengen angesammelt haben, in ihrem Wirkungskreis - und weit darüber hinaus - Veränderungen bewirken. In diesem Buch werden Sie erfahren, wie Sie erkennen, wenn ein Energiezentrum blockiert ist, und wie Sie diese Blockade wieder beseitigen, um Ihre persönliche Vitalität zu erhöhen und anderen besser helfen zu können.

## Unterschiedliche Möglichkeiten, unsere Spiritualität zum Ausdruck zu bringen

Eine andere Sicht der Chakren ist die, dass jedes uns unterschiedliche Möglichkeiten bietet, unserer persönlichen Spiritualität Ausdruck zu verleihen. Wenn wir das Feuer unseres Herzchakras benutzen, um jemandem in Not zu helfen, machen wir eine ganz andere Erfahrung als wenn wir über unser Kronenchakra an unsere Kreativität andocken, um jemand anderem etwas beizubringen. Es handelt sich hier um zwei unterschiedliche Möglichkeiten, mit unserer spirituellen Essenz in Kontakt zu kommen und diese weiterzugeben.

Die direkte Erfahrung unserer spirituellen Essenz ist der rote Faden, der sich durch alle Mysterien der Weltreligionen zieht. Egal, von welchem Standpunkt aus sie dies versuchen, streben alle Mystiker stets nach einer direkten Verbindung zum Göttlichen, ob sie es Christus oder Buddha, Tao oder Brahman, Allah oder Ein Sof bzw. den Großen Geist nennen.

Die Lehre von den Energiezentren unseres Körpers vermittelt uns praktische Einsicht in die Möglichkeit, wie wir die Kraftquelle des Göttlichen anzapfen können - wie wir, mit den Worten der Mystiker, ein Instrument Gottes werden können, das Er benutzen kann, um in die Welt hinaus zu wirken. Das ist die wahre Bedeutung von "Vollmacht" - der Macht, die reine Energie, die uns durchströmt, zum Wohle dieser Erde einzusetzen.

## Sieben Stadien des persönlichen Wachstums

Jedes Chakra gibt uns die Möglichkeit, eine andere Dimension der Energie zu meistern und dadurch eine andere Bewusstseinsebene einzunehmen, sowie Einsicht und persönliche Stärke zu erlangen. Diese Übergangsriten sind Phasen unseres persönlichen Wachstums, die unsere Seele mit einbeziehen und den Lauf unseres Lebens bestimmen. Denn auf jeder Bewusstseinsebene erfolgt eine Unterscheidung zwischen der Wirklichkeit und der Illusion, dem Licht und der Dunkelheit.

In einigen Traditionen ist dieser Prozess als "Initiation" bekannt - eine Prüfung der Seele, um festzustellen, wie viel Licht sie speichern kann, um ihre selbst auferlegte Dunkelheit wieder aufzulösen. Diese Übergangsriten sind ein archetypisches Erbe. Jeder von uns wird sie durchleben - egal, wer er ist, egal, welchen Weg er gewählt hat.

Auf den folgenden Seiten werden wir die Übergangsriten besprechen, die zu den jeweiligen Chakren gehören. Wir werden auch einige Techniken vermitteln, um sanfter durch die Engpässe des Lebens zu gleiten.

## Wie Sie dieses Buch im Alltag verwenden können

In unserer heutigen komplexen Welt erfolgt die Synchronisation von Körper, Geist und Seele nicht notwendigerweise von selbst. Dieser Prozess erfordert beständige Aufmerksamkeit und Konzentration sowie eine

Bewusstwerdung der persönlichen Initiationen, die mit den Energiezentren verbunden sind.

In diesem Buch werden Sie Schlüssel finden, die Ihnen Zugang zum ABC der Stärkung Ihrer Energiezentren bieten - wie Sie diese aktivieren, harmonisieren und reinigen. Jedes Kapitel ist einem Chakra gewidmet und beschreibt die dazugehörigen Initiationen, die zu meistern wir berufen sind. Sie enthalten Fragen, die Sie dazu benutzen können, um über sich selbst nachzudenken, sowie Affirmationen und spirituelle Techniken, die Ihnen dabei helfen können, die Initiationen erfolgreich zu absolvieren. Diese Lektionen des Lebens begegnen uns nicht nur einmal. Sie kehren in rhythmischen Zyklen wieder und heben uns mit jeder weiteren Windung der Spirale ein Stück höher empor.

Wir alle besitzen unsere Stärken und Schwächen. Auf unserem individuellen Weg der Selbstverwandlung sollen wir unsere Stärken einsetzen, um unsere Schwächen zu überwinden. Während wir uns der archetypischen Initiationen, welchen wir ausgesetzt sind, immer bewusster werden, können wir die Bereiche erkennen, die unserer Zuwendung bedürfen, und unsere Aufmerksamkeit darauf konzentrieren.

Diese Kapitel sollen Ihnen dabei behilflich sein, die Muster in Ihrem Leben zu erkennen. Wenn Sie stets aufs Neue mit den gleichen Themen konfrontiert werden, die nur in einer neuen Maskerade oder anderen

Umständen verpackt sind, dann werfen Sie doch einfach einen Blick auf das Chakra, das zu diesem Thema gehört. Versuchen Sie, die Schlüssel und Techniken in diesem Abschnitt zu verinnerlichen, die Ihnen dabei helfen können, diese Thematik zu verarbeiten und Ihren Weg weiterzugehen. Vielleicht haben Sie das Bedürfnis, einige der Affirmationen zu sprechen, die in diesem Kapitel genannt sind, oder auch Ihre eigenen Affirmationen zu formulieren. Vielleicht entscheiden Sie sich auch, ein spezielles Tagebuch für die Meditationen und Gedanken anzulegen, die sich Ihnen erschließen, während Sie die Themen erforschen, die ans Licht kommen.

Zusätzlich zu Ihrer Chakrenarbeit können Sie auch mit ganzheitlichen Techniken experimentieren, die auf Heilung durch Synchronisation abzielen. Im letzten Kapitel werden wir einige der ganzheitlichen Therapien vorstellen, die auf die körperlichen, emotionalen und spirituellen Komponenten unseres Wohlbefindens ausgerichtet sind.

Jedes Energiezentrum ist eine archetypische Matrix. Daher steht jedes Zentrum in Beziehung zu verschiedenen Merkmalen, beispielsweise unterschiedlichen Farben, Körperteilen, positiven Eigenschaften, spirituellen Traditionen, Musikinstrumenten usw. Damit Sie mit den Chakren leichter in Resonanz treten können, haben wir einige dieser Beziehungen zu Beginn jedes Kapitels aufgelistet. Bitte bedenken Sie, dass diese Elemente jeweils von der Körperzone abhängen, die das jeweilige Chakra regiert, und daher variieren können.

In der vielseitigen Fachliteratur zum Thema Chakren werden Sie auch unterschiedliche Angaben zu den Farben finden, die den jeweiligen Chakren zugeordnet sind. Einige dieser Informationen stammen von der Arbeit hellsichtiger Menschen, die mit ihrem "inneren Auge" die Schwingungen und Farben regelrecht sehen können. Manchmal spiegeln die Farben, die von hellsichtigen oder anderen Menschen angegeben werden, die gedämpften oder gar getrübten Nuancen wider, die unsere Chakren umgeben können, wenn sie im Begriff sind, blockiert zu werden.

*»Die sieben Chakren sind die Fenster der Seele.«*

- DJIWAL KUL

Die in diesem Buch dargestellten Farben der Chakren entsprechen diesen schwingenden Lichtwirbeln auf spiritueller Ebene, wenn sie perfekt und mit Hochleistung funktionieren. Wir sind der Meinung, dass es wichtig ist, sich bei Chakrenmeditationen auf die reinen, ursprünglichen Farbmuster zu konzentrieren.

Letztlich gibt es keine magische Formel, mit der wir unsere Energiezentren beleben können. Das Schöne am Leben ist, dass jeder von uns auf seine Weise einmalig ist. Es liegt an uns, wie Alchemisten des Geistes die

Werkzeuge in die Hand zu nehmen und im Labor unserer Persönlichkeit damit herumzuexperimentieren. Wie schön, dass persönliches Wachstum ein kreativer Prozess und ein heiliges Abenteuer ist!

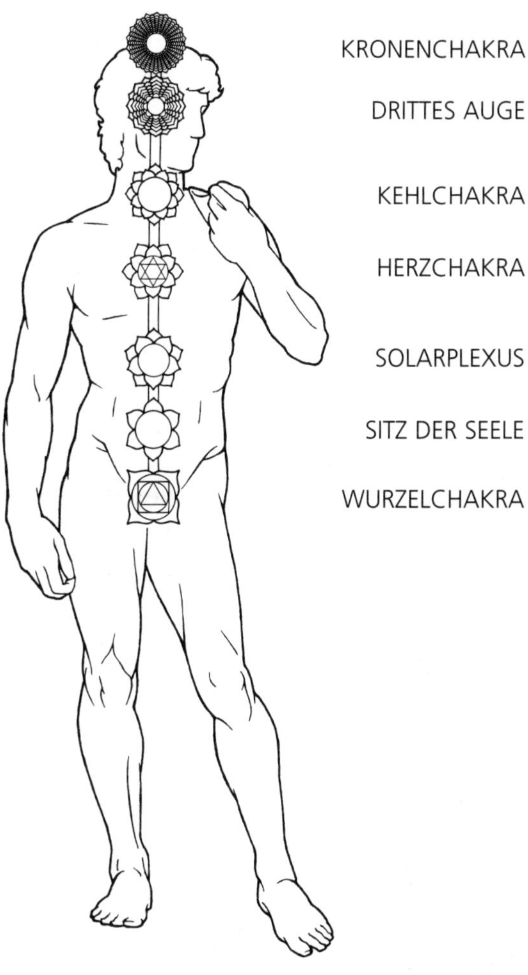
KRONENCHAKRA
DRITTES AUGE
KEHLCHAKRA
HERZCHAKRA
SOLARPLEXUS
SITZ DER SEELE
WURZELCHAKRA

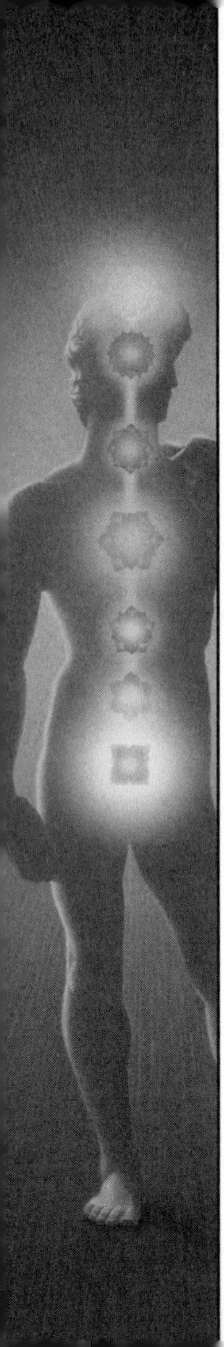

ERSTES ENERGIEZENTRUM:

# WURZELCHAKRA

**SITZ:** Basis der Wirbelsäule

**FARBE:** weiß

**NAME IM SANSKRIT:** Muladhara
("Wurzel" und "Basis" oder "Fundament")

**BLÜTENBLÄTTER:** 4

**AUSDRUCK IM POSITIVEN ZUSTAND:**
Reinheit, Hoffnung, Freude, Selbstdisziplin, Synchronisation, Perfektion, Ganzheit, Fürsorge

**IM UNAUSGEGLICHENEN ZUSTAND:**
Mutlosigkeit, Hoffnungslosigkeit, Unreinheit, Chaos

**KÖRPERZONEN:** Nebennieren

**MUSIKINSTRUMENT:** Trommel, Tabla

**EDELSTEINE:** Diamant, Perle, Zirkon, Bergkristall

**TRADITIONELLE SPIRITUELLE LEHRE:**
Hinduismus

*Durch praktische Veranlagung, Selbstdisziplin und Freude bringen wir das Leben zur Vollkommenheit.*

# WURZELCHAKRA

LEBENSLEKTION:

Das Materielle mit dem Spirituellen vereinen

*"Warum sollten wir unser spirituelles Leben vom Alltag trennen? Für einen Menschen, der in der Balance ist, gibt es keine solche Unterscheidung."*

- LAO TSE

Unser Aufstieg beginnt auf der untersten Ebene - der Ebene des Energiezentrums, das als Wurzelchakra, oder Basischakra, bekannt ist. Sein Name leitet sich von seinem Sitz an der Basis der Wirbelsäule ab. Es bildet jedoch auch die Basis (das Fundament) unserer inneren und äußeren Persönlichkeitsentwicklung. Mit dem Basischakra erhalten wir Zugang zur Lebenskraft, die uns sowohl körperlich als auch spirituell belebt. Diese Energie ist die kreative Kraft des Geistes, die in unserem physischen Körper verankert ist.

Das Wurzelchakra ist der Punkt, an dem wir uns mit der physischen Welt, mit der Natur und mit unserem Umfeld verbinden. Eine Harmonisierung der Energien dieses Chakras ist daher unerlässlich für ein praktisches, effektives Handeln in der physischen Welt. Werden die reinen Schwingungsenergien des Basischakras in Harmonie benutzt, so können sie uns mit Hoffnung, Freude, Selbstdisziplin und einem Gefühl der Ganzheit beglücken. Zusammen mit dem Seelenchakra erzeugt das Basischakra auch die Kraft für die Fortpflanzung.

Dieses Energiezentrum mit seinem weißen Licht wird mit Planung, Streben nach Einzigartigkeit und Perfektion und dem Ausdruck innerer Muster und der heiligen Geometrie in der äußeren Form assoziiert. Man verbindet das Wurzelchakra auch mit dem Ausdruck von Reinheit, Harmonie, Perfektion, Symmetrie, Ordnung und Synchronisation in den Bereichen Musik, Kunst, Bildhauerei, Architektur, Technologie, Mathematik und anderen.

Einer der Gründe, warum dieses erste Energiezentrum von grundlegender Bedeutung ist, besteht darin, dass seine Gesundheit und Vitalität Auswirkung auf all die anderen Chakren hat. Die Art und Weise, wie wir die Energie nutzen, die ihren Sitz im Basischakra hat, bestimmt darüber, ob das Potenzial unserer anderen Chakren weiterschlummert oder ob es ganz erweckt wird.

Manche von uns meistern die Energie des Wurzelchakras besser als andere. Doch auf dieser Ebene sind wir alle dazu aufgerufen, bestimmte Lektionen zu lernen. Welche sind diese Lektionen und Initiationen? Und wie können wir den Energiefluss durch dieses Zentrum meistern?

Die Gedanken, die wir Ihnen gleich vorstellen werden, sind als Sprungbrett gedacht, das Sie nutzen können. Wenn Sie diese Vorstellungen mit in Ihren Alltag nehmen und sich dazu Ihre eigenen Gedanken machen, werden Sie Ihr Wissen vertiefen, wie Sie diese Energien des ersten Chakras beschleunigen, harmonisieren und reinigen können, um Ihr inneres Potenzial stärker zum Ausdruck zu bringen.

*Ich schätze die materielle Welt*
*und meinen Körper als Kelche für den Geist.*

Wir können uns nur spirituell weiterentwickeln, wenn wir eine sichere körperliche Plattform besitzen. Diese beiden Aspekte gehen Hand in Hand. Manchmal haben wir auf Grund unserer religiösen Erziehung die falsche Vorstellung, dass der Geist gut und Materie schlecht ist, bzw. dass spirituelle Dinge gut sind, der Körper jedoch schlecht ist. In Wirklichkeit sollen beide, sowohl das Spirituelle als auch das Materielle, in ihrem höchsten Zustand eine Reflexion des Göttlichen sein.

“Materie” stammt vom lateinischen Begriff “mater”, was “Mutter” bedeutet. Die physische Welt *ist* die Mutter, denn Materie ist die Gebärmutter bzw. der Kelch, in den der Geist hinabsteigt. Materie ist das Instrument des Geistes. Sie erlaubt es dem Geist, sich zum Ausdruck zu bringen. Man kann die Materie mit einer Flöte und den Geist mit dem Atem vergleichen. Ohne Flöte - unser Instrument Körper - kann der Geist sein Lied nicht auf uns spielen. Und jeder von uns beherbergt sein eigenes, einzigartiges Lied, das nur darauf wartet, zu erklingen.

Eine weitere falsche Vorstellung, der wir vielleicht unterliegen, ist die, dass wir, um spirituell zu werden, uns aus der Welt um uns herum herausbegeben müssen. Wahre Spiritualität jedoch bedeutet nicht, die physische Welt hinter uns zu lassen. *Wahre Spiritualität bedeutet, die physische Welt mit dem Geist zu durchtränken*. Es bedeutet, Teil dieser Welt zu sein, sich jedoch nicht so sehr mit dem Materiellen zu identifizieren, dass wir vergessen, wer wir sind (nämlich spirituelle Wesen) und warum wir hier auf Erden sind (nämlich, um unsere Spiritualität auf praktische Weise zum Ausdruck zu bringen, während wir unseren alleinigenDaseinszweck erfüllen, nämlich anderen zu helfen). Mit anderen Worten ist es eine Grundvoraussetzung für Spiritualität, geerdet zu sein und praktisch zu handeln.

Auf der Ebene des Wurzelchakras lernen wir, mit der Welt auf möglichst sinnvolle Weise Kontakt aufzunehmen. Auf dieser Ebene fordert die Initiation von uns, dass wir uns liebevoll um die Menschen kümmern, für die wir verantwortlich sind, und gleichzeitig unsere Pflichten anderen gegenüber nicht vernachlässigen, weil wir gerade "auf dem Weg der Spiritualität" sind.

In der Tat fordert es unsere Spiritualität von uns, dass wir uns in die Arena der physischen Welt begeben. Sie fordert, dass wir das Spirituelle mit dem Materiellen vereinen. Ramana Maharishi, einer der großen spirituellen Lehrer des Indiens unserer Zeit, tadelte einmal einen Schüler, der seinen Beruf und seine Familie aufgeben wollte, um Gott zu dienen. Er sagte: "Verzicht bedeutet nicht, unser Geld wegzugeben oder unser Haus zu verlassen ... Nein - wer wirklich verzichtet, verschmilzt mit dieser Welt und breitet seine Liebe aus, um die ganze Welt zu umarmen."[1)]

Es ist genau so, wie in Äsops Fabel vom Astronom, der jede Nacht durch die Stadt wanderte und den Himmel studierte. Eines Nachts, als er wieder einmal in den Himmel starrte, fiel er in einen tiefen Brunnen. Der Nachbar, der schließlich seine Hilferufe hörte, fragte: "Warum willst du den Himmel ergründen, wenn du noch nicht einmal die Dinge hier auf der Erde siehst?"

Eine weitere Lektion, die wir auf der Ebene des Wurzelchakras lernen, besteht darin, unseren Körper positiv zu betrachten und eine gut funktionierende Beziehung zu ihm aufzubauen. Wenn wir hinsichtlich der physischen Welt und unseres eigenen Körpers eine gesunde Sichtweise einnehmen, werden wir dem Geist ein viel besserer Partner. Wenn wir unsere einzigartige Mission im Leben erfüllen wollen, müssen wir auf der mentalen, emotionalen, spirituellen *und* körperlichen Ebene stark sein.

Gott möchte, dass wir uns fürsorglich um unseren Körper kümmern - dass wir darauf hören, was unser Körper uns erzählt, und verstehen, was er braucht. Jeder von uns hat andere Bedürfnisse. Es kann sein, dass Ihre beste Freundin nach dem Mittagessen ein herrliches, üppiges Dessert verspeisen kann. Das gleiche Dessert könnte Sie jedoch für den Rest des Tages lähmen. Vielleicht kann Ihre Freundin auch die ganze Nacht über aufbleiben, Sie selbst jedoch beim besten Willen nicht.

*»Stärkt euren Körper, bevor ihr eure Seele stärkt.«*

- RABBI NACHMAN VON BRATSLAV

Indem Sie für sich selbst sorgen und eine positive Haltung zu Ihrem Körper einnehmen, sich die Zeit nehmen, Ihrem Körper die Nahrung, das Training sowie den entsprechenden Schlaf und die Entspannung zu geben, die Sie brauchen, und falls nötig Rat von Gesundheitsexperten einholen, können Sie sich spirituell fit machen.

Von der energetischen Ebene aus betrachtet ist es wichtig, auf den Körper zu achten, weil unsere körperliche Kondition zum Teil darüber bestimmt, in welchem Maße wir Energie speichern können. Gäbe es eine Schreibtischlampe, die auf 120 Volt ausgelegt ist, und würde man diese in eine Steckdose mit 240 Volt einstecken, so würde die Glühbirne durchbrennen. Daher lässt Gott auch nicht einen Strom von 240 Volt Spannung durch uns pulsieren, wenn unser "Kelch" Körper nur in der Lage ist, 120 Volt Lichtladung zu empfangen.

Unsere Körperpflege betrifft nicht nur unseren Körper, sondern auch unsere gesamte physische Grundlage. Unser Haus und unser Arbeitsumfeld sind Ausdehnung und Ausdruck unserer Seele - sie sind das Feuer, in dem wir unser Lebenswerk schmieden. "Wer sich um sein irdisches Zuhause kümmert", sagt der Psychotherapeut und Autor Thomas Moore, "pflegt auch seine Seele. Egal wie wenig Geld wir besitzen, wir können stets die Schönheit unseres Zuhauses hoch achten."[2) ] Je erbaulicher unser Umfeld für uns ist, desto kreativer und erfüllter sind wir.

- *Lebe ich meine Spiritualität auch praktisch?*

- *Bin ich auf der physischen Ebene meiner Existenz effektiv? Oder neige ich dazu,*

*Anforderungen im Materiellen zu ignorieren und geistig auf Wolken zu schweben bzw. den Kopf in den Sand zu stecken?*

- *Unternehme ich die nötigen Schritte, um wieder ins Gleichgewicht zu kommen, wenn körperliche Anzeichen mich darauf hinweisen, dass mein Körper aus der Balance geraten ist?*

- *Wie kann ich meinen Raum zu Hause und am Arbeitsplatz verschönern, um meine Kreativität anzuregen und zu entfalten?*

*Ich bemühe mich darum,*
*nicht an meinen Besitztümern festzuhalten.*

Die meisten Lektionen, die sich auf unsere sieben Energiezentren beziehen, betreffen das Thema Balance. Die materielle Welt als eine Möglichkeit zu schätzen, um unsere Spiritualität konkret auszudrücken, ist eine Sache. Sind wir jedoch mit dem Physischen zu sehr verhaftet, so kann es passieren, dass wir zu Materialismus neigen. Die Verlockung kann subtiler sein, als wir denken. Selbst der Ärmste der Armen kann zum Materialisten werden, wenn er zu sehr mit seinem Besitz (oder Nichtbesitz) beschäftigt ist und diejenigen beneidet, die mehr besitzen als er selbst. Lao Tse lehrte: "Wer erkennt, wann er genug hat, ist reich." Und dieses "genug" bemisst jeder von uns anders.

Ein berühmter Rabbi aus Polen enthüllte diese Wahrheit einmal einem Touristen, der sich erstaunt darüber zeigte, dass der Rabbi nur in einem einzigen Raum lebte. Dieser Raum enthielt viele Bücher, jedoch nur eine Bank und einen Tisch. "Wo sind denn deine ganzen Möbel?", fragte der Besucher.

"Wo sind denn deine?", erwiderte der Rabbi.

Der Tourist zuckte mit den Schultern und erklärte, dass er selbstverständlich keine Möbel dabei hätte, da er ja gerade nur zu Besuch wäre.

"Siehst du", gab der Rabbi zurück, "ich auch."

Der Rabbi wusste, dass wir alle nur Besucher auf diesem Planeten Erde sind. Dies ist nicht unser Endziel - warum sollten wir also an seiner Ausstaffierung hängen?

Andererseits finden einige Menschen, dass Spiritualität und Wohlstand nicht zueinander passen. Das ist alles eine Frage dessen, wie wir Wohlstand definieren, und welche Haltung wir unserem Hab und Gut gegenüber einnehmen. Betrachten wir unser Hab und Gut und unsere Ressourcen als Antennen, als Instrumente für unsere Spiritualität?

Der indische spirituelle Führer des 20. Jahrhunderts, Sri Aurobindo, betrachtete Geld als eine Quelle, die man benutzen sollte, um sich wieder an die göttliche Quelle anzubinden. Er lehrte, dass es nicht nötig ist, auf Geld völlig zu verzichten, sondern dass es nur ungesund ist, von ihm abhängig zu sein.

"Aller Reichtum gehört dem Göttlichen. Wer ihn gerade besitzt, hat ihn nur ausgeborgt. Reichtum ist nicht unser Eigentum", sagte er. "Heute besitzen ihn die einen. Morgen wird ihn ein anderer besitzen ... Betrachtet bei eurem persönlichen Umgang mit Geld, ganz gleich, ob ihr es besitzt, bekommt oder weggebt, dieses Geld stets als das Eigentum der [göttlichen] Mutter ... Bedenkt stets, dass es ihr Besitz ist und nicht eurer, den ihr da in Händen haltet ... Bewundert Menschen nicht auf Grund ihres Reichtums und lasst euch nicht von seinem Glanz, seiner Macht oder seinem Einfluss beeindrucken."[3)]

- *Was brauche ich, um die physische Plattform meines Lebens zu erhalten und die Bedürfnisse meiner Familie zu befriedigen?*

- *Verbiete ich mir selbst die Dinge, die ich brauche? Oder verliere ich mich in Dingen, die ich nicht brauche?*

- *Wann wird meine Fixiertheit auf das Materielle zum Hindernis für meine spirituellen Ziele?*

*Ich schaue hinter die äußere Erscheinungsform auf die innere Essenz.*

Wenn wir die Energien im Basischakra meistern, bewegen wir uns weg von der Fixiertheit auf die äußere Form hin zu einer Wertschätzung der inneren Essenz. Eine andere Bezeichnung für Abhängigkeit von Äußerlichkeiten ist "Vergötterung". Vergötterung bedeutet, dass man seinen Glauben auf das Gefährt ausrichtet, das den Geist beherbergt, an Stelle auf die spirituelle Flamme, die dem Gefährt innewohnt. Beurteilen wir einen Menschen, dem wir begegnen, nach seinem Aussehen und seiner Kleidung - oder halten wir einen Augenblick inne und stimmen uns auf die inneren Qualitäten ein, die diese Person zum Ausdruck bringt?

Barry und Joyce Vissell liefern in ihrem Buch "The Shared Heart" ("Der gemeinsame Weg") ein prägnantes Beispiel:

"Moses Mendelssohn, der Großvater des berühmten deutschen Komponisten, war alles andere als gut aussehend. Er war nicht nur kurzbeinig, sondern hatte auch einen krummen Buckel.

Eines Tages besuchte er einen Hamburger Kaufmann, der eine hübsche Tochter namens Frumtje hatte. Moses verliebte sich hoffnungslos in diese junge Frau. Frumtje jedoch fühlte sich von seiner Missgestalt abgestoßen.

Schließlich kam die Zeit des Abschieds. Moses nahm seinen ganzen Mut zusammen und stieg die Treppen zu ihrem Zimmer empor. Sie bot ein Bild geradezu himmlischer Schönheit, doch sie verletzte ihn tief, da sie sich sogar weigerte, ihn überhaupt anzublicken. Nach mehreren Versuchen, ein Gespräch zu beginnen, fragte Moses schüchtern: 'Glaubst du, dass Ehen im Himmel geschlossen werden?'

'Ja', antwortete sie und blickte dabei immer noch zu Boden. 'Und du?'

'Ja', antwortete er. 'Weißt du, immer wenn ein Junge geboren wird, verkündet der Herr oben im Himmel: 'Dieser Junge wird später einmal jenes Mädchen heiraten.' Als ich geboren wurde, wurde auch mir meine zukünftige Braut zugeteilt. Dann fügte der Herr noch an: 'Doch deine Frau wird einen Buckel haben.'

Da schrie ich laut: 'Oh Herr, eine Frau mit einem Buckel wäre eine Tragödie. Bitte Herr, gib' mir den Buckel und lass' sie schön sein.'

Da hob Frumtje ihren Blick und schaute ihm in die Augen. Eine alte Erinnerung stieg in ihr auf. Sie reichte Mendelssohn ihre Hand und wurde später seine ergebene Ehefrau."[4)] In jenem Moment konnte das junge Mädchen hinter die äußere Gestalt blicken und die innere Essenz erkennen.

Vergötterung und ihre Begleiterscheinungen - völlige Abhängigkeit, auch gegenseitig - sind in Beziehungen eine besondere Herausforderung. In einer gesunden Beziehung kann jeder Partner auf einem festen Fundament allein stehen. Dies muss so sein, damit die Partner sich gegenseitig stützen können. Hat einer von beiden seine Wurzeln nicht stark genug entwickelt, ist die Beziehung in Wirklichkeit keine richtige Partnerschaft.

Kahlil Gibran fasste diese Wahrheit in ausdrucksstarke Worte, als er über die Ehe schrieb: "Lasst euch gegenseitig Raum bei eurer Zweisamkeit. (...) Singt und tanzt miteinander und freut euch, doch lasst jeden von euch er selbst bleiben, so wie die Saiten einer Laute individuell und doch in gemeinsamer Musik schwingen ... Steht nebeneinander - doch nicht zu dicht: denn auch die Säulen der Tempel stehen ein Stück weit auseinander, und die Eiche und die Zypresse können im Schatten des anderen nicht wachsen."[5)]

Wir sind dazu aufgerufen, den Geist, der durch andere zum Ausdruck kommt, zu lieben, zu respektieren und zu ehren. Machen wir jedoch aus unserem Partner ein Idol, so kommen wir von unserem spirituellen Weg ab, der verlangt, dass wir unsere spezielle, ganz persönliche Beziehung zu Gott schmieden. Diese Beziehung kann niemand ersetzen bzw. ausfüllen. Versuchen wir jedoch, jemand anderen an die Stelle Gottes zu setzen, werden wir immer auf irgendeiner Ebene enttäuscht sein. Es gibt einen bestimmten Ort in uns, den nur wir selbst und Gott aufsuchen können.

Wenn wir irgendetwas vergöttern - sei es eine Person oder etwas anderes - und dabei die spirituelle Seite des Lebens vergessen, kann es sein, dass Gott uns zum Erwachen mahnt. Diese Person oder Sache kann uns zeitweise genommen werden, sodass wir unsere Energien auf das ausrichten können, was für unser spirituelles Wachstum jetzt gerade am wichtigsten ist. Haben wir unser Gleichgewicht wieder erlangt, können wir oft das, was uns genommen wurde, wieder in unser Leben ziehen.

- *Wie kann ich mich immer wieder selbst daran erinnern, dass ich mich nicht von äußeren Verlockungen verleiten lasse, sondern stets auf die innere Essenz dahinter achte?*

- *Habe ich jemandem oder etwas den Platz, den meine Beziehung mit Gott hatte, überlassen?*

*Ich würdige das Heilige in der Natur und wende seine Lektionen auf mein Leben an.*

Eine weitere Möglichkeit, unsere Verbindung mit dem Geist auf der Ebene des Basischakras zu stärken, besteht darin, unsere Verbundenheit mit Mutter Natur zu intensivieren. Unsere Brüder, die Ureinwohner von Amerika, haben uns in dieser Hinsicht viel zu lehren.

Der Häuptling Luther Standing Bear sagte, dass die Indianer auf dem Boden zu sitzen oder liegen pflegten und das Gefühl hatten, "einer mütterlichen Kraft" ganz nahe zu sein. Er sagte: "Die alten Indianer sitzen immer noch auf der Erde anstatt sich zu erheben und von ihrer lebensspendenden Erdenkraft zu entfernen", da sie so "in der Lage sind, tieferen Gedanken nachzugehen und intensiver zu fühlen."

Die Arbeit mit der Erde, den Pflanzen und Tieren erhöht unsere Sensibilität für das Leben. Wir lernen, uns darauf einzustimmen, was eine Pflanze braucht, um zu gedeihen. Hat sie genügend Sonnenlicht und die richtige Menge Wasser? Verfügt der Boden über die richtigen Nährstoffe? Die gleiche Sensibilität können wir auch im Umgang mit anderen Menschen entwickeln. Auch Menschen brauchen Fürsorge und Hinwendung. Auch sie brauchen optimale Wachstumsbedingungen, um gedeihen zu können.

Viele von uns hatten während ihrer Kindheit ihre besonderen Erfahrungen mit der Natur. Manchmal verlieren wir als Erwachsene diese Offenheit gegenüber Mutter Natur oder wir vergessen, dass sie uns noch mehr lehren kann. Nehmen wir beispielsweise Susanna*. Als sie 41 Jahre alt war, schienen die Dinge in ihrer Ehe bzw. ihrem Beruf einfach nicht so zu funktionieren, wie sie es sich vorgestellt hatte. Sie machte sich

* Alle Namen der in diesem Buch zitierten Personen wurden abgeändert.

Vorwürfe. Sie war überzeugt davon, dass bei ihr grundlegend etwas nicht stimmen konnte.

Eines Tages machte sie nach der Arbeit in der Nähe ihres Hauses einen Spaziergang, und überlegte, warum sie dies nicht öfter tat. Es war Spätsommer, und die Luft war kühl und frisch. Die Baumwipfel sangen ihr Lied, während sie sich im Wind bewegten. Der Bach, der sich am Weg entlang schlängelte, überspülte spielerisch die Steine. Alles war wie verzaubert - von der kleinsten Raupe bis zur knorrigen Eiche.

*»Die Nähe zur Natur ... macht den Geist offen für Eindrücke, die wir für gewöhnlich nicht empfinden, und bringt uns in Kontakt mit den unsichtbaren Kräften.«*

- OHIYESA
(DR. CHARLES A. EASTMAN)

"Wie schön doch alles ist, was Gott erschaffen hat!", dachte sie. Da hallte im Zuge eines plötzlichen, kurzen Augenblicks der Erleuchtung diese Wahrheit in ihr wider: "Gott hat mich geschaffen. Daher muss auch ich auf meine ganz besondere Art und Weise schön sein. Der Zauber sitzt auch in mir."

In jenem Moment erlangte sie eine neue Sichtweise über sich selbst. Sie musste diese Sichtweise bewusst immer wieder stärken, doch die Natur hatte ihr eine unschätzbare Lektion erteilt, die ihr dazu verhalf, in den folgenden Monaten und Jahren zu wachsen.

- *Ehre und respektiere ich die Natur und die Umwelt?*
- *Nehme ich mir die Zeit, mich mit der Natur zu verbinden?*
- *Haben mich meine persönlichen Erfahrungen mit der Natur sanfte oder auch gewaltige Lektionen gelehrt, an die ich heute noch denken muss?*

*Ich ehre, respektiere und nähre das Weibliche in mir und in meinen Mitmenschen.*

Die Energie des Wurzelchakras wird auch als "Mutter Licht" bezeichnet. Im spirituellen Sinne symbolisiert das physische Universum, das mit dem Wurzelchakra in Verbindung gebracht wird, das weibliche (oder Mutter-) Prinzip Gottes. Das spirituelle Universum verkörpert das männliche (oder Vater-) Prinzip.

Die meisten von uns wuchsen nur mit einem Teilverständnis von Gott auf. Wir erfuhren viel über die männliche Seite der göttlichen Welt - Gott, den Vater, Gott, den Sohn - die Seite, die Schutz und Ordnung bietet, die Normen aufstellt und Grenzen setzt. Doch die internen Traditionen der Weltreligionen zeigen uns, dass es auch eine andere Seite des Göttlichen gibt: die weibliche Seite oder Gott, die Mutter. Diese Seite nährt, lehrt und hilft. Sie ist die heilige Energie, die tröstet und heilt. Das Wurzelchakra entspricht diesem weiblichen Aspekt des Lebens.

Die Vorstellung einer Muttergottheit gibt es in allen Religionen und transzendiert diese. In der jüdischen Tradition wird der weibliche Aspekt Gottes als Shekhinah, wörtlich "göttliche Gegenwart" bezeichnet. Im Hinduismus erscheint sie als Shakti, im Buddhismus als Prajanaparamita und in der ägyptischen Tradition als Isis. In einigen Texten des Alten Testaments und der Apokryphen wird der weibliche Aspekt des Göttlichen als "Weisheit" bezeichnet, die christlichen Gnostiker nannten sie "Sophia" oder "Pistis Sophia" (das heißt "Vertrauen in die Weisheit").

Diese Personifizierungen des Weiblichen sind im Kern keine Göttinnen, die verehrt werden sollen. Sie sind Verkörperungen der weiblichen Attribute Gottes, die uns exemplarisch zeigen, wie wir unser *eigenes* weibliches Potenzial erkennen können. Wir alle haben eine weibliche Seite. Sie ist sensibel, intuitiv und kreativ. Sie ist die Seite in uns, die Beziehungen knüpft und pflegt. Sie ist nährend, geduldig und fröhlich. Die gesunde weibliche Seite ist nicht von Distanz oder

Vernachlässigung gekennzeichnet. Sie ist auch nicht Besitz ergreifend oder erstickend.

Wenn wir im Wurzelchakra einen vitalen, harmonischen Energiefluss aufrechterhalten, sind wir in der Lage, die mütterlich sorgenden Eigenschaften des göttlich Weiblichen zum Ausdruck zu bringen. Auch wir werden sensibel für die Bedürfnisse anderer.

Um ein anderes Beispiel aus der Natur zu wählen: Eine Pflanze, die Wasser braucht, spricht uns nicht an und sagt uns, dass sie durstig ist. Das Erdreich trocknet aus, die Blätter welken und fallen schließlich ab. Auf die gleiche Weise teilen uns oft auch Menschen, die unsere Fürsorge brauchen, ihre Probleme nicht mit. Wir müssen selbst auf die Anzeichen achten und uns überlegen, was sie wirklich bedeuten. Ein mürrisches Gesicht bedeutet nicht immer, dass der andere uns ablehnt. Es könnte bedeuten, dass sie uns darauf hinweisen, dass etwas nicht stimmt. Wenn wir das Leben "bemuttern", blicken wir hinter die äußeren Dinge, um zu erkennen, was im Inneren wirklich abläuft.

Ich selbst hatte diese Erfahrung vor Jahren sehr intensiv gemacht, als ich in Rom vor der "Pietà" stand. Als ich angesichts der feinen Gestalt Marias meditierte, die ihren gekreuzigten Sohn im Arm hält, erkannte ich, dass die "Mutter" in jedem von uns angerufen wird, um den Hilflosen beizustehen, denjenigen, die unsere bedingungslose Liebe und Unterstützung brauchen. Wir alle befinden uns ab und an in diesem Zustand - und wir alle sind ab und an aufgefordert, die Rolle der Mutter zu übernehmen.

Auf der Ebene des Wurzelchakras sind wir auch dazu gezwungen, unsere Beziehungen zu Frauen, zu unserem eigenen weiblichen Aspekt und zu unserer Seele zu überprüfen. Ehren und respektieren wir die Frauen? Bringen wir - egal, ob Mann oder Frau - unsere weibliche Seite zum Ausdruck, auch wenn wir in der Geschäftswelt in der vordersten Reihe kämpfen müssen? Schätzen wir andere, die dies tun? Nehmen wir uns die Zeit, uns selbst zu stärken?

Wenn wir als Kind von unserer Mutter getrennt wurden oder nicht mit ihr verbunden waren, kann es uns durchaus schwer fallen, für uns selbst zu sorgen und die wahren Bedürfnisse unserer Seele zu erfüllen. Wir sollten uns stets an eines erinnern: die richtige Nahrung für die Seele ist genauso wichtig, wie die richtige Ernährung für den Körper.

Was macht Sie glücklich? Was tröstet Sie, wenn Sie Sorgen haben? Musik? Gedichte? Ein guter Roman? Müssen Sie Ihre Hände einsetzen und etwas töpfern oder nähen? Meditieren? Joggen oder Fitnesstraining betreiben? Was verschafft Ihnen "magische Momente"?

Es kann etwas so Simples sein wie einmal pro Woche einen frischen Blumenstrauß zu kaufen, den Sie auf den Tisch stellen, oder in bestimmten Zeitabständen das Bild im Rahmen an der Wand auszuwechseln. Vielleicht nehmen Sie sich auch die Zeit, um mit einem Kind zu spielen oder im Wald spazieren zu gehen.

- *Was kann ich im Lauf dieser Woche tun, um meine weibliche Seite zum Ausdruck zu bringen - die intuitive, sensible, fürsorgliche Seite meines Wesens?*

- *Welche Seelennahrung vermisse ich? Wie kann ich genügend Zeit und Raum freihalten, um die Bedürfnisse meiner Seele zu erfüllen?*

## *Ich speichere meine Energien.*

Wer die Energie, die er von der Quelle erhält, speichern kann, ist der kreativste, fröhlichste und effektivste Mensch in allen Lebensbereichen - denn er sprudelt von dieser spirituellen Energie förmlich über und möchte sie mit anderen teilen.

Was bedeutet es, seine Energien “zu speichern”? Tagtäglich erhalten wir von unserer Quelle ein bestimmtes Pensum an spiritueller Energie. Diese Energie verleiht uns die Kraft zu denken, zu fühlen, zu sprechen und zu handeln. Wie zuvor bereits gesagt, verfügen wir über den freien Willen zu entscheiden, was wir mit dieser Energie bewirken möchten. Wir können - durch liebevolle Handlungen und spirituelle Übungen - dieses heilige Feuer schüren und all unsere Aktivitäten mit dieser Vitalität des Geistes durchtränken.

Andererseits können wir die Energie eines beliebigen Chakras aber auch über eine Reihe von unausgewogenen Handlungen, die nichts zu unserem spirituellen Weg beitragen, vergeuden. Dazu kann alles zählen, angefangen von Wutausbrüchen über ausgiebiges Schwatzen, Egoismus, Kritik, Klatsch, Groll, die Weigerung, jemandem etwas zu vergeben, bis hin zu sexuellen Perversionen oder Ausschweifungen, Eifersucht, Fixiertheit auf Materielles, Selbstmitleid, Festhalten an der Vergangenheit, beständigen Sorgen über die Zukunft, usw.

Kurz gesagt bedeutet dies: Wir vergeuden Gottes wertvolle Energie, indem wir sie für Aktivitäten einsetzen, die unserem spirituellen Wachstum nicht förderlich sind - Aktivitäten, die unsere Energie eher ins Stocken als in Fluss bringen. Der beste Maßstab hierfür ist, wenn Sie sich selbst folgende Frage stellen: *Wird das, was ich gerade vorhabe, mir dabei helfen, meinem spirituellen Wesen näher zu kommen? Wird es mir helfen, meine Spiritualität in meinen Alltag zu integrieren? Kann ich damit anderen auf sinnvolle Weise Nutzen bringen?*

Wenn wir die Energie, die im Wurzelchakra sitzt (die Kundalini) speichern, so steigt diese natürlicherweise empor, um unsere anderen Energiezentren zu nähren und neue Ebenen der virtuellen Wahrnehmung in uns zu aktivieren. Vergeuden wir diese oder hemmen wir ihren Aufstieg, so können zwei Dinge geschehen: Erstens reduzieren wir die Energiereserven, die zu den anderen Chakren hochsteigen könnten, und das schlummernde Potenzial dieser Chakren bleibt unangetastet.

Zweitens richten wir unsere gesamte Aufmerksamkeit einzig und allein auf die physische Ebene und nicht höher, dann kann sich Energie im Bereich des Wurzelchakras aufstauen. Sammelt sich an der Basis der Wirbelsäule zu viel Energie an, so sucht sich diese ein Ventil. Bei einigen Personen endete dies schon in wilden Eskapaden von Wutausbrüchen, körperlicher Gewalt oder missbrauchter sexueller Energien.

*»Wer sich nicht um die eigene Vitalität bemüht und an dieser mutwillig Raubbau betreibt, gießt gleichsam Wasser in einen zerbrochenen Kelch.«*

- VORFAHRE LÜ

Sowohl das Wurzelchakra als auch der Sitz der Seele stehen mit dem Bereich Sexualität in Beziehung. Wir können in unserem Wurzelchakra ein Ungleichgewicht schaffen, wenn wir uns extrem stark auf unser Sexualleben konzentrieren oder Sexualität rigoros ablehnen. Viele spirituelle Traditionen lehren, dass eine ausgewogene sexuelle Aktivität im richtigen Kontext gesundheitsförderlich ist. Sex bedeutet "sakraler Energie-Mix" (S-e-x). Heilige Sexualität kann eine intime Begegnung mit Gott und der göttlichen Energie sein, die in uns und unserem Partner wohnt. Daher ist es so bedeutend, unsere Beziehungen als heilig zu betrachten und darauf zu achten, eine Beziehung nicht nur einzugehen, um "die Zeit totzuschlagen".

Befinden wir uns in einer Beziehung, so investieren wir unsere wertvolle Energie in diese. Wir gestatten es einer anderen Person, die uns polar entgegengesetzte Position zum Zweck des gegenseitigen Energieaustausches einzunehmen. Wir möchten sicher sein, dass wir diese Energie weise investieren. Dies gilt für alle Arten von Beziehungen und Partnerschaften. Manchmal möchten Menschen auf einer Freundschaft bzw. Partnerschaft beharren, die ungesund ist, "bis sich etwas Besseres ergibt". Doch sie haben nicht den Raum dafür geschaffen bzw. den inneren Lichtmagneten verstärkt, um für sich den richtigen Partner in ihr Leben zu ziehen. Wenn wir auf unsere spirituelle Ganzheit bedacht sind, ziehen wir automatisch den richtigen Partner an.

Dies alles läuft darauf hinaus, dass uns umso mehr Energie für körperliche, emotionale und spirituelle

Vitalität zur Verfügung steht, je mehr wir unsere Lebenskraft hüten. Speichern wir diese Energie nicht, so verfügen wir womöglich nicht über die nötigen inneren Ressourcen, um mit den Anforderungen des Lebens und noch weniger mit den tiefer gehenden Themen unseres spirituellen Wachstums zurechtzukommen.

- *Lenke ich meine Energien in Aktivitäten oder Beziehungen, die mein Wachstum nicht fördern?*
- *Gibt es bessere Möglichkeiten, meine Energien zu bewahren?*

## Mit dem Wurzelchakra arbeiten

Nun noch eine Warnung zur Arbeit mit dem Wurzelchakra. Wenn wir an jeder Lebenslektion des Wurzelchakras arbeiten und unsere Energien bedacht einsetzen, wird die Energie unseres Wurzelchakras natürlicherweise stetig ansteigen. Dies werden wir jedoch nicht notwendigerweise im körperlichen Sinne spüren, da dieser Prozess sich auf den inneren Ebenen unseres Seins abspielt.

Es gibt mehrere Techniken, um angeblich die Kundalini hochsteigen zu lassen. Ist das Wurzelchakra jedoch nicht in Harmonie und gereinigt, können diese Praktiken gefährlich werden. Denn wenn die Energie hochsteigt, kann sie auch das Negative aktivieren, das wir noch in uns tragen. Aus diesem Grund erscheint es mir am sinnvollsten, Meditationen mit den oberen Chakren - ausgehend vom Herzchakra hin zum Kronenchakra - durchzuführen. Wenn wir das Licht unserer oberen Chakren intensivieren, werden diese zu Lichtmagneten, die die Energie vom Wurzelchakra automatisch ohne Risiko nach oben ziehen.

Eine effektive Möglichkeit, all unsere Chakren zu reinigen und zu beschleunigen, besteht darin, die hochfrequente spirituelle Energie, die als Violette Flamme bekannt ist, durch Gebete und Meditationen anzurufen (siehe S. 103 bis 113). Die Meditation und die Affirmation auf den folgenden Seiten können auch dazu dienen, unser Wurzelchakra in Balance zu bringen und zu reinigen.

## *Mantra, um das innere Licht aufsteigen zu lassen*

*Visualisierung:*

Während Sie die folgende Affirmation sprechen, stellen Sie sich vor, wie Sie in Ihrem Innern perlmuttartiges, samtenes Licht sehen und spüren, dass es Ihren Körper auf sanfte Weise durchströmt und leuchten lässt. Visualisieren Sie, wie das Licht jede Zelle und jedes Atom Ihres Körpers umgibt und dieses immer weißer wird. Die Zellen und Atome beschleunigen sich und beginnen sich zu drehen - wobei sie das weiße Licht abgeben, das Ihren Körper, Ihren Geist und Ihre Emotionen reinigt und energetisiert.

Sprechen Sie diese Affirmation im Stehen, und heben Sie dabei Ihre Arme über den Kopf. Stellen Sie sich vor, wie Sie die Energie, die über Ihr Chakranetz emporsteigt, zu Gott zurücksenden.

*ICH BIN die Auferstehung und das Leben*
*jeder Zelle und jedes Atoms meines Wesens,*
*die sich nun manifestiert haben!*

Hinweis:
Sie können diese Affirmation immer sprechen, sobald Sie merken, dass der Energiefluss in irgendeinem Bereich Ihres Lebens blockiert ist. Ersetzen Sie hierzu den Passus "jeder Zelle und jedes Atoms meines Wesens" mit eben dem Lebensbereich, den Sie verjüngen möchten.

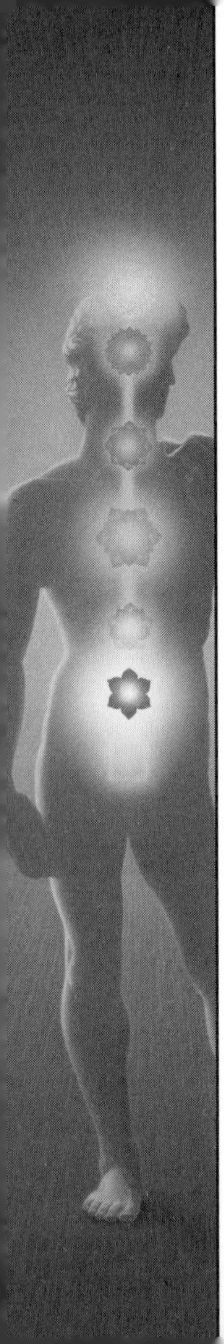

ZWEITES ENERGIEZENTRUM:

# SITZ-DER-SEELE-CHAKRA

**SITZ:** auf halber Höhe zwischen Nabel und Basis der Wirbelsäule

**FARBE:** violett

**NAME IM SANSKRIT:** Svadhisthana ("Süße" oder "Haus der Seele")

**BLÜTENBLÄTTER:** 6

**AUSDRUCK IM POSITIVEN ZUSTAND:** Freiheit, Erbarmen, Vergebung, Gerechtigkeit, Transzendenz, Alchemie, Transmutation, Diplomatie, Intuition, Prophetie, Offenbarung

**IM UNAUSGEGLICHENEN ZUSTAND:** kein Vergeben, Ungerechtigkeit, Erbarmungslosigkeit, Intoleranz, mangelndes Taktgefühl, Missachtung anderer, Grausamkeit

**KÖRPERZONEN:** Ausscheidungs- und Fortpflanzungsorgane und -systeme

**MUSIKINSTRUMENT:** Holzblasinstrumente

**EDELSTEINE:** Amethyst, Diamant, Aquamarin

**TRADITIONELLE SPIRITUELLE LEHRE:** Taoismus

*Indem wir wieder Zugriff auf die Urmuster unserer Seele erlangen, können wir unser volles kreatives Potenzial erkennen.*

# SITZ-DER-SEELE-CHAKRA

LEBENSLEKTION:

Zu deinem wahren
Selbst steh' du

*"Die Hauptaufgabe im Leben des Menschen ist es, aus sich selbst heraus neu geboren zu werden."*

- ERICH FROMM

Über das zweite Energiezentrum, den Sitz der Seele, erfahren wir Freiheit - die Freiheit, zu der Person zu werden, die zu werden wir bestimmt sind. Unsere Vorfahren betrachteten den Sitz der Seele als realen Kraftpunkt. Im Kampfsport ist er unser Gleichgewichtspunkt und der zentrale Konzentrationspunkt des Chi, der inneren Energie, die für die Aufrechterhaltung unseres Lebens von zentraler Bedeutung ist.

Dieses Chakra ist auch der Punkt, über den wir mit unserer Seele in Kontakt treten und ihre Botschaften und Führung erhalten. Unsere Seele ist weise und kann uns viel an innerer Führung geben. Wir alle besitzen Seelenkräfte. Wenn wir aus dem Bauch heraus ein bestimmtes Gefühl gegenüber einer Person empfinden, so handelt es sich hierbei um eine direkte Botschaft der Seele. Manchmal spricht unsere Seele eine Warnung aus: "Es ist gefährlich, jetzt dorthin zu gehen oder dies und jenes zu tun ..." Dies ist Teil unseres "inneren Leitsystems."

Diese Botschaften und intuitiven Vorahnungen treffen zu einem hohen Prozentsatz zu. Je verbundener unsere Seele mit ihrem wahren spirituellen Wesen ist, desto feinfühliger und zutreffender sind diese Hinweise. Je verhafteter unsere Seele mit unserem menschlichen Ego ist, desto weniger klar sind diese Deutungen. Bei den Initiationen für den Sitz der Seele geht es darum, die wahre Stimme unserer Seele und ihre kreativen Impulse zum Ausdruck zu bringen. Auf der Ebene des Sitzes der Seele befassen wir uns auch mit den Themen Archetypen, Muster und eigene Persönlichkeit.

*Ich setze meine Energie in Übereinstimmung mit dem Urerbe und der Originalmatrix meiner Seele ein.*

Die Schöpfungskraft von Mann und Frau ist im Seelenchakra verankert. Die Informationen für die Samen- und Eizellen werden nach körperlichen und karmischen Mustern über die Gene und Chromosomen vererbt. Sie werden auch über die spirituelle Matrix unserer Identität weitergegeben - unser spirituelles Erbe.

Die Seele trägt - wenn auch verschleiert - die alte Erinnerung an ihren göttlichen Ursprung, ihre göttliche Matrix und die Rolle, die sie im Plan Gottes einnimmt, in sich. Auch wenn unsere Seele ein klarer Spiegel dieses Urmusters sein sollte, trübt sich mitunter das Bild. Auf ihrer Reise durch die Zeit hat unsere Seele manchmal Muster übernommen, die nicht im Einklang mit ihren göttlichen Mustern sind.

Fast jeder von uns hat schon einmal die Erfahrung gemacht, dass, als er versuchte, seine Lebensmission zu erfüllen, jemand anders - mit guter oder böser Absicht - versucht hat, ihm *seine* Version des Lebensplans überzustülpen. Auf der Ebene des Seelenchakras haben Sie die Möglichkeit, die optimale Matrix Ihrer Seelenidentität wiederzuerlangen - sich selbst wieder ins Gesicht zu blicken. Ihre Herausforderung besteht darin, Ihre Seele zu befreien, um Ihr spirituelles Erbe und Ihre spirituelle Matrix zu erkennen und diese dann voll und ganz einzufordern. Der Kabbalist Moses Zacuto aus dem 17. Jahrhundert beschrieb es einmal so: "Suche und finde die Wurzeln deiner Seele, sodass du sie erfüllen und wieder an ihre Quelle, ihre Essenz, anbinden kannst. Je mehr du dich selbst erfüllst, desto näher kommst du deinem authentischen Selbst."[1)]

Selbsterkenntnis - die Erkenntnis unseres wahren Selbst und unseres wahren Lebensweges - ist der Ausgangspunkt für die Freisetzung unserer persönlichen Kraft und der Befreiung unserer Seele. Die Seele, die wahrhaft frei ist, ist die Seele, die ihre ursprüngliche Wirklichkeit zum Ausdruck bringen kann.

Hätten wir keine Vorbilder oder Mentoren, die uns dazu ermutigen, uns in unsere einzigartige Seelenidentität einzuschwingen und diese zu pflegen, hätten wir vielleicht niemals auch nur einen Hauch vom reellen Plan für unsere Seele erhascht. Hätten unsere Eltern oder andere einflussreiche Autoritätspersonen uns ihren Willen aufgezwungen, müssten wir vielleicht feststellen, dass ein Teil von uns versucht, die Träume anderer zu erfüllen.

*»Die Grundvoraussetzung für Erfolg ist Ehrlichkeit gegenüber sich selbst.«*

- HELENA ROERICH

Um unsere Energien im Bereich des Sitzes der Seele zu harmonisieren, müssen wir uns entscheiden, ob wir zulassen, dass unser Energiefluss in Kanäle abfließt, die jemand anders für uns angelegt hat. Wir werden niemals völlig glücklich, im Frieden oder erfüllt sein, wenn wir diese Energie nicht zurückfordern und in den Hauptstrom unseres Lebens zurückholen.

- *Welche ist meine einzigartige Mission, die ich in diesem Leben erfüllen soll?*

- *Lasse ich es zu, dass meine Energien in Kanäle fließen, die nicht Teil meiner Seelenmatrix und meines Lebenszweckes sind?*

*Ich prüfe regelmäßig und aufrichtig, wie viel von meiner Identität in mein menschliches Ego und wie viel in mein wahres Selbst Eingang findet.*

Wenn wir auf dem spirituellen Weg sind, entdecken wir, dass die größten Herausforderungen nicht von außen an uns herangetragen werden, sondern aus uns selbst heraus stammen. Die Comicfigur Pogo sagte einmal: "Wir sind gerade unserem Feind begegnet - uns selbst!"

Der Weg zu Selbstbeherrschung ist ein kontinuierlicher Prozess der Selbstüberprüfung. Wir müssen den Mut aufbringen herauszufinden, wie viel von unserer Identität in unser wahres göttliches Wesen einfließt und wie viel in unser niederes Wesen, unser menschliches Ego geht. Die Kabbalisten bezeichneten diese Schattenseite unseres Wesens als den "Trieb des Bösen". Der Apostel Paulus nannte es "das Fleisch". In der esoterischen Tradition ist es als "Hüter der Schwelle" bekannt.

Wir alle haben einen so genannten "Mr. Hyde" in uns, der im unerwartetsten Augenblick auf die Bühne tritt. Mahatma Gandhi formulierte es einmal so: "Ich habe nur drei Feinde. Mein liebster Feind - derjenige, der sich am leichtesten beeinflussen lässt - ist das britische Empire. Mit meinem zweiten Feind, den Indern, habe ich es schon bedeutend schwerer. Doch mein gefährlichster Gegner ist ein Mann namens Mohandas K. Gandhi. Auf ihn scheine ich so gut wie keinen Einfluss zu haben."

Im Klartext heißt dies, dass das menschliche Ego uns vorgaukelt, unser wahres Selbst zu sein. Auf der Ebene des Seelensitzes beginnen wir zu erkennen, welche Aspekte unserer Persönlichkeit Teil unseres wahren Wesens sind und welche nicht. Dies ist nicht immer unbedingt bequem, doch es ist der einzig *wahre* Ort für uns.

Im Evangelium des Thomas sagt Jesus, dass es sehr schmerzhaft sein wird, diese Wahrheit zu erkennen, dass dies jedoch der notwendige erste Schritt zur Selbstüberwindung und Selbstbeherrschung ist. Wie ein Katalysator wird diese Erkenntnis bewirken, dass wir unser gesamtes verborgenes Potenzial freisetzen. Jesus sagt: "Suchet, so werdet ihr finden. Wer findet, wird aufgewühlt sein. Wer aufgewühlt ist, wird erstaunt sein und über alles herrschen." [2)]

Die Initiation des Seelensitzes bietet uns die Möglichkeit, uns von all den Aspekten unserer Persönlichkeit zu befreien, die nicht zu unserer wahren Identität gehören - unsere "Maske", wie es Mark Prophet oft bezeichnete.[3]

Manchmal spielen wir diese Rolle, weil wir denken, dass andere Menschen dies von uns erwarten, selbst wenn wir dabei nicht unser wahres Selbst sind.

Wenn wir die ganze Schönheit unseres wahren Selbst entfalten wollen, müssen wir alle Schichten der Maske abschälen, von der es umgeben ist. "Der Mensch weiß so vieles. Doch er kennt sich selbst nicht", bemerkte der Mystiker Meister Eckhard im 14. Jahrhundert. "Weil dreißig oder vierzig Häute oder Felle, wie von einem Ochsen oder einem Bären, so dick und so hart, die Seele bedecken. Begebt euch in euch selbst auf den Grund und lernt euch dort selbst kennen."

Was können wir tun, wenn wir in unserer Welt Muster entdeckt haben, die wir nicht länger behalten möchten? Zuallererst müssen wir wissen, dass wir dank der reinen Energie des Seelensitzes nicht Gefangene unserer eigenen Vergangenheit sind. Wir können neue Energiemuster schaffen.

Wir müssen auch erkennen, dass unsere Verhaltensmuster, die wir über viele Jahre oder Inkarnationen hinweg geschaffen haben, nicht an einem Tag ungeschehen gemacht werden können. Sie werden erst dann verschwinden, wenn wir auf den Kern dessen stoßen, weshalb sich unsere Seele diese dicken Häute ursprünglich zugelegt hat. Dafür gab es viele Gründe. Die Seele ist sensibel und leicht beeinflussbar. Auch wenn wir uns nicht bewusst an all die Erfahrungen erinnern können, die wir in den verschiedenen Inkarnationen gemacht haben - unsere Seele erinnert sich sehr wohl daran. Dazu gehören auch unangenehme Erfahrungen, durch die unsere Seele verwundet wurde. Wenn wir körperliche oder emotionale Traumen erleben, spüren wir dies nicht nur in unserem Körper oder über unsere Emotionen - wir spüren es auch bis in unsere Seele hinein. Um sich zu schützen und ihren Schmerz zu lindern, entwickelt die verwundete Seele bestimmte Verhaltensweisen - Verteidigungsmechanismen - die spätere Beziehungen im Leben negativ beeinflussen, die Entwicklung ihres wahren Selbst hemmen und eine Blockade im Energiesystem des Körpers herbeiführen können.

*»Wer sich selbst nicht kennt, lebt in Armut.«*

- JESUS IM EVANGELIUM DES THOMAS

Wir alle haben Energie in Mustern angestaut, die für uns ungesund sind. Wenn wir den verwundeten Teil unserer Seele heilen, können wir diese Energie freisetzen, um sie wieder im Hier und Jetzt zu nutzen.

Oft erfordert ein Heilungsprozess intensive Konzentration auf die Themen unserer Psychologie (wörtlich: "Studie der Psyche oder Seele"), und wir können einzelne Gefechte gewinnen, indem wir mit einem erfahrenen Therapeuten arbeiten, der sich auf den spirituellen Weg versteht. Muster prägen sich ein, und es erfordert Erfahrung beim Coachen sowie disziplinierte innere Arbeit, um sie durch positive Muster zu ersetzen.

Der Jung'sche Analyst Edward Edinger schrieb einmal: "Die psychologische Entwicklung ist in all ihren Phasen ein Erlösungsprozess. Ziel ist es, das verborgene Selbst - das sich unbewusst mit dem Ego identifiziert - durch bewusstes Erkennen zu erlösen."[4)] Wir können diese Seelenarbeit beschleunigen, indem wir spirituelle Werkzeuge verwenden, wie Gebete, Mantras, Meditationen und Visualisationen. Um die Seele in der Tiefe zu heilen, sind oft sowohl psychologische als auch spirituelle Methoden zugleich erforderlich.

*Welche Teile meiner Persönlichkeit spiegeln meiner Meinung nach mein wahres Selbst wider?*

*Welche Verhaltensmuster habe ich entwickelt, die nicht zu meinem spirituellen Wachstum beitragen?*

*Ich kann meine kreativen Impulse bewusst empfangen und frei zum Ausdruck bringen.*

In jedem Augenblick sind wir Schöpfer. Wie auch immer die Antwort auf die Frage lautet "Wofür habe ich meine Energie heute verwendet?", das ist unsere Schöpfung an diesem Tag. Unsere Gedanken, Worte, Handlungen und Gefühle sind unsere Schöpfung. Wenn wir uns auf dem spirituellen Weg befinden, erkennen wir die Notwendigkeit dieser Schöpfungen, und wir tragen die Verantwortung für die Auswirkung, die unsere Gedanken, Worte und Taten auf andere haben.

Noch einmal: Wir bekommen jeden Tag so viel Energie zugeführt. Wofür setzen wir diese ein? Was erschaffen wir mit ihr? Und sind wir in unserer Schöpferkraft gehemmt, weil wir uns schuldig, frustriert oder einer Sache nicht gewachsen fühlen?

Heilpraktiker haben erkannt, dass Beschwerden im Bereich des Seelensitzes - die sich auf die Fortpflanzungs- und Ausscheidungsorgane beziehen - manchmal ihre Ursache in einem ungelösten Problem im Zusammenhang mit Kreativität haben. Wenn wir das Gefühl haben "festzustecken", und unsere Kreativität, die wir von Natur aus mitgebracht haben, nicht zum Ausdruck bringen können, dann spiegeln unsere Gefühle und unser Körper diese Spannung wider.

Ich kenne mehrere Fälle, in denen Frauen, die sich eingeengt fühlten, von chronischen Gesundheitsproblemen im Bereich der Brust und der Gebärmutter geplagt wurden, bis sie dieses Problem gelöst hatten. Janice und Ellen beispielsweise sprühten immer vor neuen Ideen, doch in ihrem Arbeitsumfeld war es nicht möglich, ihre Gaben zu entfalten. Folglich wollten beide ihre Situation verändern und beschwerten sich bitter. Sie fühlten sich zu kraftlos, um aus ihrem Rahmen auszubrechen. Beide begannen, gesundheitliche Probleme zu entwickeln. Schließlich war Janice gezwungen, den Job zu wechseln - insgeheim ein Segen, der ihr die Tür öffnete, ihrem Herzenswunsch zu folgen und Verantwortung zu übernehmen, die es ihr erlaubte aufzublühen. Im Alter von bereits über 50 Jahren tat Ellen den mutigen Schritt und begann wieder zu studieren, um ihre wahre Leidenschaft zu verfolgen. Beiden geht es prächtig, und ihr Gefühlsleben und ihre Gesundheit sind der strahlende Beweis hierfür.

*»Ich finde nichts, womit ich die unglaubliche Schönheit der Seele und ihre großartigen Fähigkeiten vergleichen könnte.«*

- TERESA VON AVILA

Als Janice und Ellen schließlich innehielten und auf die Intuition ihrer Seele lauschten, öffnete sich für sie eine neue Welt. So kann es gehen, wenn wir über unser Seelenchakra mit unserer Seele kommunizieren. Sind wir nicht in der Lage, uns auf die Stimme unserer Seele einzuschwingen, so kann dies daran liegen, dass unser überaktiver bzw. dominierender Intellekt unsere Sinneswahrnehmung für unsere Seele unterdrückt hat.

Unser Intellekt ist für unser Höheres Selbst ein wunderbares Gefährt, durch das es wirken kann, doch unser vernunftbetonter, gebildeter Verstand allein kann diese wichtige Verbindung zu unserer Seele nicht schaffen.

In der Tat kann unsere Seele ihn sogar umgehen. "Es gibt eine Art der Erkenntnis, die dem Intellekt überlegen ist", sagte Proclus, der Philosoph und Anhänger Platons, im 5. Jahrhundert. "Lass die intelligente Seele den Intellekt transzendieren ... Dies, mein Freund, ist das göttliche Werk des Seele."

Der Intellekt kann nicht die Position unserer Seele einnehmen. Daher ist die Weiterbildung unseres Herzens und unserer Seele genauso wichtig wie die Weiterbildung unseres Verstandes. Um einen sicheren Hafen für die Seele zu schaffen, müssen wir manchmal den Intellekt abschalten und uns bewusst ins Herz und in die Seele begeben, um mit unserem inneren, kreativen Selbst in Kontakt zu kommen.

- *Bin ich in der Lage, meine Kreativität zum Ausdruck zu bringen, oder fühle ich mich in irgendeiner Weise gehemmt? Welche Schritte kann ich tun, um diese Blockade aufzulösen?*

- *Wirken mein Umfeld zu Hause und am Arbeitsplatz auf meine Kreativität anregend? Falls nein - welche Veränderungen kann ich herbeiführen?*

- *Mit welchen Maßnahmen kann ich meinen Intellekt und meinen logischen Verstand für kurze Zeit aus dem Weg räumen, um mich über meine Seelensinne an mein inneres kreatives Selbst anzuschließen? Wie kann ich mehr davon in mein Alltagsleben integrieren?*

*Ich befreie mich von alten Mustern, indem ich mir und anderen vergebe.*

Ein essenzieller Teil unseres Selbstbefreiungsprozesses von alten Mustern steckt in einem einzigen Wort verborgen: *Vergebung*. Wenn wir anderen die Missetaten und Ungerechtigkeiten, die sie uns angetan haben, nicht vergeben, lassen wir zu, dass wir durch das Gesetz des Karmas mit dem verstrickt bleiben, der uns etwas Böses zugefügt hat.

Aus eben diesem Grund dauern die alten "Rachefeldzüge", die Einzelpersonen, Familien und sogar ganze Nationen gegeneinander führen, bereits seit Jahrhunderten an. Ihre Kriege enden nie, denn ihr Hass bildet eine starke Fessel zwischen ihnen und ihren Feinden - wie ein Seil, das immer dicker wird, je mehr sie einander hassen. Wenn die Betroffenen erneut inkarnieren, tragen sie wieder das gleiche Energiemuster in sich verwurzelt, und die Rachefeldzüge gehen immer weiter.

Groll führt in einen Teufelskreis. Er entzieht uns unsere Energie, da ein Teil unserer Aufmerksamkeit ständig auf eine ungelöste Situation gerichtet ist. Ist dies der Fall, so sagte Emerson, "dann sind wir nicht frei, heute zu wirken oder etwas für morgen zu versprechen, denn wir haben uns bereits gestern verpflichtet." Indem wir vergeben, setzen wir 100 Prozent unserer Energie für konstruktive Ziele frei.

Manchmal mag es vorkommen, dass wir einer bestimmten Person nicht vergeben können. Wir glauben, dass das Vergehen, das er oder sie uns oder einem unserer Lieben gegenüber begangen hat, zu groß gewesen ist. Gott hat mir beigebracht, dass wir in einer solchen Situation die Seele umarmen und dann Gott und seine Engel bitten können, das unechte Selbst, die Schattenseite dieser Person, die diese dazu gebracht hat, das Verbrechen zu begehen, im Himmel zu binden.

Ganz gleich, welch schlechte Taten jemand begangen hat, wenn wir der Seele vergeben - dem Teil dieses Wesens, der immer noch das Potenzial für das Gute in sich trägt - können wir eine karmische Bindung vermeiden. Beharren wir jedoch auf diesen unangenehmen Erfahrungen, so wird unsere Energie gestaut, und wir schaffen eine Energieblockade.

In Wirklichkeit handelt es sich niemals um ein persönliches Thema, egal, wie persönlich die Angelegenheit uns auch erscheinen mag. Bei der Situation handelt es sich oft um einen Test - eine Gelegenheit, um zu prüfen, ob wir bereits die Fähigkeit zu Vergebung und Mitgefühl entwickelt haben. Mutter Teresa sagte einmal: "Der Mensch ist oft unvernünftig, unlogisch und ichbezogen. Vergib ihm trotzdem. Wenn du freundlich bist, kann es sein, dass die Menschen dich als selbstsüchtig beschimpfen, und behaupten, du hättest niedere Motive. Sei dennoch freundlich ... Wenn du ehrlich und aufrichtig bist, kann es vorkommen, dass die Menschen dich betrügen. Sei dennoch ehrlich und aufrichtig ... Weißt du, am Ende geht es nur um das Verhältnis zwischen dir und Gott. Eigentlich ging es niemals um das Verhältnis zwischen dir und den anderen."

Oft ist der härteste Teil beim Loslassen die *Selbstvergebung* - die Erkenntnis, dass wir, egal welche Fehler wir auch begangen haben, zum damaligen Zeitpunkt unser Bestes gegeben hatten. Wir brauchen den Fehler nicht zu leugnen, doch wir müssen ihn überwinden. Wir müssen zu uns selbst sagen: "Es war nicht gut, diesen Fehler zu begehen. Dennoch bin ich immer noch ein guter Mensch", und dann aus dieser Erfahrung lernen. Wie Thomas Edison schon sagte: "Ich habe nicht versagt. Ich habe lediglich 10.000 Möglichkeiten gefunden, wie es nicht funktioniert."

Manchmal erkennen wir nicht einmal, dass wir uns selbst blockieren, indem wir uns selbst nicht verzeihen. Victoria begegnete dieser Seelenerkenntnis auf ihrem Weg der Genesung. Mit Anfang 30 stellte sie fest, dass sie Brustkrebs hatte. "Nach dem ersten Schock", sagte sie, "brauchte ich eine Weile, um zu erkennen, dass es sich hierbei um eine Warnung handelte - nicht nur von meinem Körper, sondern auch von meiner Seele. Ich musste der Tatsache ins Auge blicken, dass ich mich völlig verausgabte (die Botschaft meines Körpers) und dabei gleichzeitig kaum Freude empfand (die Botschaft meiner Seele).

Nach der Operation stellte ich meine Ernährung um und änderte meinen Tagesrhythmus. Körperlich war ich auf dem Weg der Besserung. Doch emotional steckte ich immer noch in einer Krise. Ich war gegen eine Felswand geprallt und wusste nicht, wie ich sie umgehen konnte.

Eines Tages brach ich einfach zusammen. Und inmitten meiner Tränen vernahm ich die zaghafte Stimme meiner verängstigten Seele, die mir den Schlüssel reichte: Ich hatte mich immer wieder selbst bestraft, seitdem ich diese Diagnose erfahren hatte. Die ganze Zeit über hatte ich geglaubt, dass ich ein 'schlechter' Mensch sei, weil ich krank geworden war. Ich hatte mir niemals selbst verziehen, dass ich Krebs bekommen hatte - weil ich glaubte, dass ich es nicht wert war, dass mir vergeben würde. Das war die Felswand.

Bevor ich einen Schritt tun konnte, musste ich erst an einen Punkt gelangen, an dem ich mich selbst wieder genug schätzte und akzeptierte, dass ich nichts 'Falsches' getan hatte, und dass mir, selbst wenn ich etwas Falsches getan hatte, Vergebung zustand.

Es war nicht leicht, meinen Weg aus diesem Labyrinth der falschen Glaubenssätze, die ich irgendwie übernommen hatte, wieder heraus zu finden. Doch während dieses Prozesses ergaben sich Veränderungen. Ich begann aufzublühen. Ich hatte wieder mehr Spaß am Leben. Und mein wahres Selbst kam ans Tageslicht."

Gautama Buddha sagte einmal: "Du kannst den ganzen Planeten absuchen - niemals wirst du jemanden finden, der mehr Liebe verdient als du selbst." Wenn wir nachhaltige Veränderungen in unserem Leben herbeiführen möchten, müssen wir unsere Seele lieben - und wir müssen sie während des Heilungsprozesses geduldig nähren.

- *Gibt es jemanden, dem ich vergeben muss - zum Wohle meiner eigenen und dessen Befreiung?*

- *Gibt es etwas, das ich mir niemals verziehen habe, und das mich blockiert? Habe ich eine grundlegend falsche Vorstellung von mir selbst, die mich daran hindert, meiner eigenen Seele gegenüber Erbarmen zu empfinden?*

# SPIRITUELLE TECHNIKEN

## *Affirmation zur Vergebung*

Der Apostel Paulus gab uns den Rat: "Tragt euren Zorn niemals bis zum Sonnenuntergang mit euch herum." Wenn wir in der Lage sind, alle Gefühle von Ungerechtigkeit und Wut am Ende des Tages abzulegen (auch Schuldgefühle gegenüber unseren eigenen Unzulänglichkeiten), sind wir auf dem Weg zu einer besseren Gesundheit, größerem Frieden und wahrem Glück.

*Visualisierung:*

Kurz bevor Sie einschlafen, sollten Sie Ihre Augen schließen und die Ereignisse des Tages wie in einem Kinofilm vor Ihrem geistigen Auge ablaufen lassen. Rufen Sie sich die Menschen ins Gedächtnis, die Ihre Liebe und Vergebung brauchen. Bitten Sie Gott, diesen und Ihnen selbst zu vergeben.

Stellen Sie sich dann vor, wie violettes Licht, das ursprüngliche Licht des Seelenchakras, diese Szenen erhellt. Sehen Sie, wie dieses violette Licht sich in verzehrende violette Flammen verwandelt. Beobachten Sie, wie diese Flammen die negative Wirkung der Ereignisse dieses Tages neutralisieren.

Während Sie die folgende Affirmation sprechen, konzentrieren Sie Ihre Aufmerksamkeit auf Ihr Herz. Senden Sie all denen, die Sie verletzt haben, sowie all denjenigen, die Ihnen etwas angetan haben, Liebe und Vergebung, und übergeben Sie die Situationen in Gottes Hände. Sie können die folgende Affirmation sooft wiederholen, wie Sie es für nötig befinden.

### Vergebung

*ICH BIN die hier wirkende Vergebung,*
*Die alle Zweifel und Furcht überwindet*
*Und die Menschen immerwährend*
*Durch ihre Flügel des kosmischen Sieges befreit.*

*ICH BIN der Ruf in voller Kraft,*
*Der stündlich nach Vergebung strebt.*
*Ich verströme meine verzeihende Gnade*
*An alle Lebewesen an jedem Ort.*

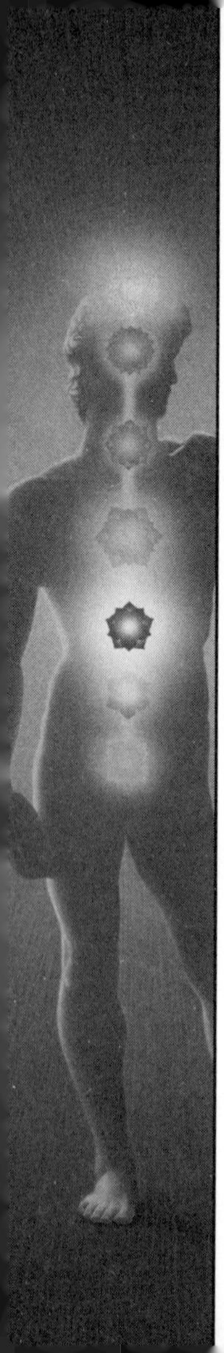

DRITTES ENERGIEZENTRUM:

# SOLARPLEXUS-CHAKRA

**SITZ:** in Höhe des Nabels

**FARBE:** purpur und gold mit rubinroten Flecken

**NAME IM SANSKRIT:** Manipura ("Stadt der Juwelen" oder "mit Juwelen erfüllt")

**BLÜTENBLÄTTER:** 10

**AUSDRUCK IM POSITIVEN ZUSTAND:** Frieden, Brüderlichkeit, selbstloser Dienst, wahre Bedürfnisse, Harmonie, Friedfertigkeit

**IM UNAUSGEGLICHENEN ZUSTAND:** Wut, Aufregung, Fanatismus, Aggression, Egoismus, dem Laster frönen, Angst und Sorge, Furcht, Passivität

**KÖRPERZONEN:** Verdauungssystem, Leber, Bauchspeicheldrüse

**MUSIKINSTRUMENT:** Orgel

**EDELSTEINE:** Topaz, Rubin, Alexandrit, Diamant mit Perle

**TRADITIONELLE SPIRITUELLE LEHRE:** Islam

*Indem wir unsere Emotionen und Bedürfnisse meistern, entwickeln wir inneren Frieden, Brüderlichkeit und selbstlosen Dienst am Nächsten.*

# SOLARPLEXUS-CHAKRA

LEBENSLEKTION:

Gehen Sie den goldenen Weg der Mitte

*"Der Impuls 'ich will' und der Impuls 'ich werde' – vergiss es! Damit bleiben die meisten Menschen auf der Strecke."*

– DER SUTTA-NIPATA

Beim nächsten Schritt auf unserer Entdeckungsreise zu uns selbst begeben wir uns vom Seelensitz hinauf auf die Ebene des Solarplexus. Hier lernt die Seele, inneren Frieden und Brüderlichkeit zu entwickeln. Sie erreicht dies, indem sie ihre Emotionen und Bedürfnisse meistert und dabei gleichzeitig die Prüfungen und Versuchungen ihres Karmas bewältigt.

Der Solarplexus, der diesem Chakra seinen Namen gibt, ist das große Nervennetzwerk, das hinter dem Magen sitzt. Fast jeder von uns hat schon einmal

Schmetterlinge im Bauch verspürt oder von jemandem, der sich über uns geärgert hat, einen energetischen Stoß erhalten, so als ob dieser uns wirklich einen Schlag in die Magengrube versetzt hätte. Derartige Emotionen verarbeiten wir über das Energiezentrum am Solarplexus.

Gefühle wie Wut, Aufruhr oder Angst, aber auch spirituelle Gefühle des Friedens oder der Hingabe werden über dieses Zentrum ausgefiltert. Unser Solarplexus- und unser Kehlchakra sind eng miteinander verbunden, denn wir drücken unsere Gefühle oft durch unsere Sprache aus. Unsere Emotionen sind so heftig, dass der Solarplexus, das was sich in unseren anderen Chakren abspielt - zum Positiven oder zum Negativen - verstärken kann.

*Ich benutze die Kraft meiner Emotionen*
*als Werkzeug für den Frieden.*

Als Jesus sagte: "Aus seinem Bauch sollen Ströme lebendigen Wassers fließen", sprach er von denen, die Instrumente des Friedens werden würden, sobald sie die mächtigen Ströme gemeistert haben, die durch den Solarplexus fließen.

Die Tatsache, dass wir unsere Emotionen meistern, bedeutet nicht, dass wir keine Emotionen haben. Emotion (engl. *e-motion*) bedeutet schlichtweg *Energie in Bewegung* (engl. *energy in motion*). Wir können unsere "Energie in Bewegung" benutzen, um die Gefühle unserer Seele zu reflektieren oder zu verstärken. Wir können sie aber auch dazu einsetzen, unsere Seele zu unterdrücken. Wir können unsere "Energie in Bewegung" verwenden, um Frieden zu verbreiten, oder aber, um Aufruhr zu verstärken - um zu inspirieren oder zu provozieren.

Indem wir Ruhe bewahren, wenn alles um uns herum im Chaos tobt, indem wir uns an das mächtige Reservoir des Friedens anschließen, das im Solarplexus zu finden ist, können wir ein gewaltiges Meer an Energie entstehen lassen, um eine Situation zu stabilisieren, sei es bei uns Zuhause oder in einer öffentlichen Menschenansammlung. Jack Kornfield erzählt eine Geschichte von Maha Gosananda, einem Mönch aus Kambodscha, die verdeutlicht, wie viel Kraft wir heraufbeschwören können, wenn unser Solarplexus völlig im Frieden ist.

*»Der Held ist derjenige, der unerschütterlich zentriert bleibt.«*

- RALPH WALDO EMERSON

Maha Gosananda besuchte Tausende von Flüchtlingen aus Kambodscha, die vor den Grausamkeiten des Pol Pot geflüchtet waren. Der Mönch lud sie zu einer buddhistischen Zeremonie ein. Über 10.000 Flüchtlinge versammelten sich zu diesem Ereignis. Maha

Gosananda schwieg eine Zeit lang. Vor ihm befanden sich Menschen, die schwer verwundet waren, deren Familienmitglieder getötet und deren Häuser und Tempel zerstört worden waren. Dann begann er, einen Vers aus dem Dhammapada zu singen: "Hass wird niemals durch Hassen beendet, sondern allein durch die Liebe geheilt. Dies ist ein altes, ewiges Gesetz." Bald stimmte die ganze Gruppe der Flüchtlinge, die durch diese zeitlose Wahrheit emotional bewegt war, mit ein und sang mit ihm diesen Refrain.

Maha Gosananda hätte ihre Frustration und ihre Wut ausnutzen können. Stattdessen beschloss er, ihnen zu helfen, an das Reservoir von Frieden und Liebe anzudocken, das Pol Pot ihnen niemals würde entreißen können.

"Wenn du ruhig und still bist", lehrt Lao Tse, "kannst du der Herrscher über diese Welt werden." Ebenso riet der Autor des "Buches der Sprüche": "Wer lange braucht, bis er wütend wird, ist stärker als der Mächtige. Und wer seinen Geist beherrscht, ist stärker als der, der eine Stadt einnimmt."

Die Prüfungen unserer Emotionen kommen in kleinen und großen Schritten daher und führen uns in Versuchung, in Emotionen einzutauchen oder die Kontrolle über sie zu verlieren. Manchmal sind diese Tests eine Taktik unseres Karmas[1)], an unsere Tür zu klopfen, wenn unsere Taten der Vergangenheit zu uns zurückkehren und um Auflösung in Gestalt der aktuellen Umstände bitten. Manchmal ist die Initiation wie ein Übungsfeld. In der Schule lernen wir unsere Lektionen, um bestimmte Themen zu meistern. Im richtigen Leben ist es nicht anders, außer dass es viel weniger theoretisch und weitaus praktischer zugeht.

Gott möchte, dass wir unsere Lektionen im Energiefluss meistern. Er muss sich vergewissern, dass wir sie ganz beherrschen. Denn Gott möchte uns nicht mehr Energie zur Verfügung stellen, als wir im Kelch unserer Chakren halten und einer positiven Verwendung zuführen können. Warum möchten wir über Energiereserven verfügen? Damit wir, wenn es nötig ist, das heilende Licht der Freude, der Freiheit, des Friedens, der Liebe, der Kraft, der Vision und der Weisheit über unsere Chakren und unsere Aura an andere weitergeben können.

Es ist, als würden wir ein Darlehen aufnehmen. Wenn wir beweisen können, dass wir Gottes Energie zum Wohle anderer bedacht einsetzen können, weiß er, dass seine Investition richtig ist. Missbrauchen wir diese Energie - indem wir beispielsweise in Wut oder Aufregung verfallen - wird er uns letztendlich den Energienachschub versagen, weil wir nicht bewiesen haben, dass wir seine Energie verantwortungsvoll einsetzen können.

Wenn Sie daher mit den Versuchungen des Lebens konfrontiert sind, die Sie scheinbar aus dem Gleichgewicht bringen wollen, dann deshalb, weil Sie etwas *richtig* machen, und nicht falsch. Haben wir uns für einen "Kursus in spirituellem Wachstum" entschieden, so können wir uns darauf gefasst machen, dass wir getestet werden. Booker T. Washington sagte einmal: "Erfolg kann man nicht an der Position messen, die man im Leben erreicht hat, sondern an den Hindernissen, die man überwunden hat, während man versuchte, erfolgreich zu werden."

Genau davon handelte der rätselhafte Vers, den wir in der Sonntagsschule lernten: "Verbuche es alles unter 'Freude', wenn du den verschiedensten Versuchungen erliegst - denn wisse das eine: dass du dich in Geduld üben musst, wenn dein Glaube auf die Probe gestellt wird. Aber lass die Geduld ihr Werk perfekt beenden, so wirst auch du perfekt und ganz."[2)]

"Schwierigkeiten sind der beste Weg zur Unsterblichkeit", sagte Lao Tse, und riet uns dazu, diesen "ruhig und offen zu begegnen, als wie schwierig sie sich auch entpuppen mögen."[3)]

Im Falle des Solarplexus bieten uns unsere Prüfungen die Möglichkeit, unsere Selbstkontrolle zum Ausdruck zu bringen. Sie bieten uns die Gelegenheit zu beweisen, dass unsere Liebe zu Gott - und unsere Dankbarkeit für die wertvolle Energie des Lebens, die er täglich auf uns niederströmen lässt - größer ist, als unser Bedürfnis, “Dampf abzulassen”, selbst wenn andere Menschen uns mit Wut, Aggression, Angst oder Aufruhr konfrontieren.

Der Buddhismus der Tibeter lehrt uns, dass Wut eines der “Gifte” ist, die für unser spirituelles Wachstum tödlich sind. Durch Wut können wir sehr schnell allen Boden unter unseren Füßen verlieren, den wir bereits erobert haben. Wie ein Säugling, der schreit, bis er im wahrsten Sinne des Wortes erschöpft ist, können Wutausbrüche oder andere Formen emotionalen Missbrauchs unseren Energievorrat erschöpfen - und in den Energiezentren anderer Menschen für Aufruhr sorgen.

*»Die Selbstbeherrschung ist in der Tat weitaus bedeutsamer als die Eroberung des gesamten Erdballs.«*

- AUS DEM DHAMMAPADA

Wut ist natürlich ein Symptom tiefer sitzenden Unbehagens und gibt uns den Hinweis, weiter unter der Oberfläche zu schürfen. Oft schwären in der Tiefe Angst oder Unsicherheit, oder auch Kummer. Wut ist dann leider ungesunderweise die Lösung, die wir für diese Probleme wählen. Doch auf lange Sicht bedeutet dies überhaupt keine Lösung, denn Wut kann keine Situation bessern - im Gegenteil, meist verschlimmert sie alles. 1639 erteilte uns Thomas Fuller einen sehr guten Ratschlag: "Über zwei Dinge sollte ein Mensch niemals wütend sein: über Dinge, welchen er abhelfen kann, und Dinge, welchen er nicht abhelfen kann."

Wenn wir unsere Emotionen, die aus dem Gleichgewicht geraten sind, ernsthaft ins Lot bringen möchten, müssen wir zuallererst herausfinden, was die Ursache allen Übels ist. Erst dann können wir zu wahren Instrumenten des Friedens werden.

Oft kann uns eine Ernährungsumstellung helfen, mit Wut umzugehen. In der chinesischen Medizin wird jede Emotion, die aus der Balance geraten ist, mit einem bestimmten Organ in Beziehung gesetzt. Auf Grund dieser Sichtweise neigt ein Mensch, der eine vergiftete Leber hat, zu schlechter Laune und Aggression. Wer eine gesunde Leber hat, ist tendenziell geduldiger und handelt überlegter. Daher sind wir für Reizbarkeit und Wut empfänglicher, wenn wir unsere Leber durch übertriebenen Konsum von Drogen, Alkohol, Koffein, Softdrinks oder fettem Essen strapazieren. Experten zufolge werden wir auch ausgeglichener und geraten weniger schnell in Wut, wenn wir unseren Verzehr von Fleisch reduzieren und im Gegenzug mehr Vollkornprodukte und Gemüse zu uns nehmen.

*Lasse ich mich schnell in Emotionen ziehen, die mich aus dem Gleichgewicht bringen?*

- *Welche konkreten Schritte kann ich unternehmen, um "meine Energie in Bewegung" (meine Emotionen) unter Kontrolle zu bringen?*

- *Wie kann ich zu einem stärkeren Instrument des Friedens werden?*

*Ich versuche, den goldenen Mittelweg zu gehen.*

Gautama Buddha erwähnte die Initiation des Solarplexus, als er uns lehrte, dass uns der beste spirituelle Fortschritt gelingt, wenn wir "den goldenen Mittelweg" einschlagen. Gautama erlernte diese Lektion höchstpersönlich. Sechs Jahre lang praktizierte er strenge Enthaltsamkeit. Dadurch wurde er so schwach, dass er in Ohnmacht fiel und für tot gehalten wurde.

Als er wieder erwachte, erkannte er, wie vergeblich exzessive und langanhaltende Askese sein kann. Eines Tages, nachdem er ein stärkendes Reismehlgericht eingenommen hatte, erklärte er feierlich, dass er sich so lange unter einen Feigenbaum setzen würde, bis er erleuchtet sei. Unter diesem Baum wurde er mit zahlreichen Versuchungen konfrontiert - Versuchungen, welchen er wohl erlegen wäre, wenn nicht sein Körper sowie sein Herz, sein Verstand und seine Seele gestählt gewesen wären.

In seiner ersten Rede, die er nach seiner Erleuchtung in Sarnath in Indien hielt, erklärte Gautama, dass wir die Erleuchtung nur erlangen können, wenn wir beide Extreme meiden - mangelnde Selbstdisziplin und Selbstaufopferung - und den goldenen Mittelweg gehen. In späteren Jahren erklärte er seinen Schülern: "Schlagen wir einen Weg ein, der uns erschöpft und schwächt, so können wir keine vollständige Erleuchtung erlangen." Somit hatte er eine der wichtigsten spirituellen Regeln aller Zeiten ausgesprochen: *Strebe in allen Dingen nach Ausgewogenheit.*

Ein wesentliches Merkmal des goldenen Mittelwegs ist die Toleranz. Ihre negative Ausprägung ist Fanatismus oder Extremismus in beide Richtungen. Toleranz bedeutet, dass wir andere so akzeptieren, wie sie sind, weil wir nicht ihr Leben leben müssen und die Last nicht kennen, die sie vielleicht zu tragen haben. Andererseits bedeutet es nicht, dass wir saft- und kraftlos sind, wenn wir jedes Extrem vermeiden. Wir haben in unserer Position der Balance, an unserem Dreh- und Angelpunkt, einen festen Halt, da dieser Punkt in einem soliden Empfinden von Identität und einem klaren Ziel zentral verankert ist.

*Bleibe ich in der Balance, wenn ich meine Bedürfnisse und Leidenschaften lebe, oder neige ich dann zu Extremen? Haben diese*

*Extreme auf mich oder andere negative Auswirkungen?*

- *Gibt es etwas, was ich leidenschaftlich verfolge, das mich davon abhält, inneren Frieden zu erlangen?*

- *Gelingt es mir gut, wieder schnell in meine Mitte zu kommen, wenn ich aus dem Gleichgewicht geraten bin?*

*Ich versuche, meine Bedürfnisse mit meinen Zielen im Leben zu vereinen.*

Wir können nicht inneren Frieden erlangen, wenn wir unsere Bedürfnisse nicht "meistern". Dies bedeutet nicht, dass wir *keinerlei* Bedürfnisse haben sollen. Die eigenen Bedürfnisse zu "meistern" bedeutet, dass wir unsere Bedürfnisse auf das wahre Bedürfnis unserer Seele und Gottes Zielvorstellung für uns beschränken. Wenn wir dazu in der Lage sind, wird uns das Energiemoment in unserem Solarplexus hin zur Erfüllung des göttlichen Potenzials unserer Seele wirbeln.

Unsere Bedürfnisse sind, ebenso wie unsere Emotionen, nicht automatisch etwas "Schlechtes". In seiner Rede in Sarnath sagte Gautama, dass der Grund dafür, weshalb wir leiden, unser sehnsüchtiges Verlangen ist. Die Kommentatoren zu seiner Rede erklären, dass der Buddha versuchte, uns darzulegen, dass wir leiden, wenn unsere Bedürfnisse egozentriert oder selbstsüchtig sind, wenn sie das menschliche Ego stärken, und die Bedürfnisse anderer dabei unberücksichtigt bleiben.

Über diesen Besitz ergreifenden Teil des menschlichen Wesens gibt es einen Ausspruch Buddhas: "Alle Missstände, die in dieser Welt verbreitet sind, alle Ängste und alles Leiden, das hier herrscht, lässt sich auf eine gemeinsame Ursache zurückführen - unsere enge Verschlungenheit mit dem 'Ich'! Was soll ich mit diesem gewaltigen Dämon nur tun?"

Was zählt, ist die Motivation, die hinter unseren Bedürfnissen steckt. Möchten wir beispielsweise gebildet sein oder Arzt oder Richter werden, damit wir die Talente, die Gott uns gegeben hat, mit anderen teilen und das Leben anderer erleichtern können, so ist dies ein aufrichtiges Bedürfnis. Basiert dieses Bestreben jedoch einzig und allein auf dem Wunsch, Reichtümer anzuhäufen oder andere zu kontrollieren beziehungsweise zu beeindrucken, dann würde es sich um ein egozentriertes, unangemessenes Bedürfnis handeln.

Mit anderen Worten - es gibt immer die Möglichkeit, unsere Bedürfnisse auf einer höheren Ebene zu erfüllen, der Ebene des Dienstes am Leben. Entscheiden wir uns für diese Ebene, d. h. vereinen wir unseren freien Willen mit dem universellen Willen im Zuge einer dynamischen Partnerschaft, so können wir zum Dynamo werden, der Gutes schafft. Aus diesem Grund konnte eine unscheinbare Frau wie Mutter Teresa nicht nur unermüdlich arbeiten, sondern auch zu einer Haupttriebkraft auf der Weltbühne werden.

Die spirituelle Bedeutung des engl. Wortes *Bedürfnis* (engl. *desire*) lautet "strebe nach Gott" (engl. *deity siring*) - wobei Gott und die Präsenz Gottes in uns die höchsten, erhabensten Wünsche unserer Seele Realität werden lassen. Immer, wenn wir ein Bedürfnis haben, schaffen wir etwas beziehungsweise lassen es Realität werden. Sind die Energien unseres Solarplexus im Gleichgewicht und im Frieden, können die Schöpfungen, die sich aus unseren Bedürfnissen ergeben, schön, kraftvoll und effektiv sein.

Wir können in der Tat viel über den Zustand unseres Solarplexus daran ablesen, wie effektiv wir in unserem Handeln sind. Haben wir nicht herausgefunden, was wir wirklich wünschen - oder besitzen wir viele verschiedene Bedürfnisse, die sich gegenseitig widersprechen -, werden wir nicht in der Lage sein, die Energie zu bündeln, um den Antrieb zu schaffen, unsere Ziele zu erfüllen. Widersprüchliche Bedürfnisse stiften Verwirrung und Chaos und führen dazu, dass die Energie des

Solarplexus sich in Form von Energieknoten anstaut. Dieser Zustand ist mit einer Art Tauziehen vergleichbar. Wir bewegen uns nicht vorwärts, weil wir keine Entscheidung darüber gefällt haben, in welche Richtung wir unseren Weg gehen wollen.

Unruhe in unserem Solarplexus kann die Folge der Anforderungen sein, die unser Kulturkreis an uns stellt. Das Streben nach Erfolg, Wohlstand oder Ruhm kollidiert unter Umständen mit unseren Herzenswünschen in Bezug auf spirituelles Wachstum, Erfüllung der Seele und Dienst am Leben. Eine unserer Herausforderungen auf der Ebene des Solarplexus besteht darin, unsere Energien freizusetzen - sie von Bedürfnissen abzuziehen, die nicht Gottes Vorstellungen für uns entsprechen - sodass wir unser gesamtes Potenzial für unsere wahren Ziele im Leben einsetzen können.

*»Wenn wir uns nicht verwirren lassen, ist unser Wesen von Natur aus stabil. Wenn unser Wesen stabil ist, kehrt die Energie natürlicherweise zurück.«*

- LÜ YEN

Einfach ausgedrückt - ist unsere Energie an die Erfüllung niederer Bedürfnisse gebunden, die uns von unserer Hauptstoßrichtung im Leben weglocken, so steht uns diese Energie nicht mehr im Hier und Jetzt zur Verfügung. Infolgedessen fehlt es uns an Vitalität und Klarheit. Wir drehen uns im Kreis und sind frustriert.

Wir können die Meisterschaft über den Solarplexus erhalten, wenn wir all unsere Bedürfnisse genau unter die Lupe nehmen und unser Leben dahingehend vereinfachen, dass es die Richtung widerspiegelt, die wir wirklich einschlagen möchten. Tun wir dies nicht, so werden wir am Ende der Sklave unserer Bedürfnisse (und unserer Kreditkarte) sein. Schon das Dhammapada mit seiner alten Weisheit warnte uns: "Wer sich zum Sklaven seiner Bedürfnisse macht, ertrinkt im Strom dieser Bedürfnisse, so wie eine Spinne sich in einem Netz verfängt, das bereits gesponnen ist."

Der Visionär und Pionier auf dem Sektor Bildung, George Trevelyan, sagte einmal über Bildung: "Sie hat bewirkt, dass eine breite Bevölkerungsschicht fähig ist zu lesen, jedoch unfähig ist zu unterscheiden, was wirklich lesenswert ist." Das Gleiche können wir über die so genannte "fortschrittliche" Zivilisation von heute behaupten. Sie hat unzählige Möglichkeiten geschaffen, unsere Bedürfnisse zu befriedigen, insbesondere über die unglaubliche Reichweite der Medien und der Werbung. Doch hat man uns nicht gelehrt, wie man diese Bedürfnisse klar sichtet.

Nur, weil wir das Bedürfnis haben, etwas zu tun oder nicht zu tun, bedeutet dies noch längst nicht, dass es für uns richtig ist. Wir müssen auf der Seelenebene unterscheiden, ob wir damit Gottes Vorstellungen von uns erfüllen oder einem Bedürfnis nachkommen, das aus einem ungesunden Muster der Vergangenheit stammt.

Wenn Sie gerade wieder einmal mit sich selbst ringen, ob Sie einem Bedürfnis nachkommen sollten oder nicht, nach dem Motto: "Soll ich, oder soll ich nicht?", ist es vielleicht an der Zeit, die ganze Sache mit einem Schritt Abstand zu betrachten und sich selbst gegenüber ehrlich zu sein: *"Warum möchte ich dieses neue ______________? Kann ich mich damit selbst zum Ausdruck bringen und meine Mission erfüllen, oder baue ich damit mein Ego auf? Werde ich dadurch ausgeglichener, oder bringt es mich von meinem Weg ab?"*

Eine andere Möglichkeit, den Stellenwert eines Bedürfnisses richtig zu werten, besteht darin, sich selbst eine so genannte "Abkühlphase" einzuräumen. Wenn Sie mit einer großen Entscheidung in Ihrem Leben konfrontiert sind, sollten Sie sich genug Zeit einräumen, um diese Bedürfnisse Gott vorzulegen, damit er Ihnen ein Feed-back gibt. Ein hilfreiches Ritual kann hierbei eine "Novene" sein, ein Gebet, das man für eine bestimmte Anzahl von Tagen (ursprünglich neun) oder Wochen spricht. Während dieser Andacht bittet man Gott darum, klar zu enthüllen, was sein göttlicher Wille ist.

Dies ist besonders effektiv, wenn Sie dabei auch Affirmationen und Gebete benutzen, die die hochfrequente spirituelle Energie der Violetten Flamme anrufen (siehe Seite 103 bis 113). Basiert ein Bedürfnis auf einem alten, ungesunden Verhaltensmuster, das Sie behindert, dann kann die beschleunigte Energie der Violetten Flamme bewirken, dass die Erinnerungen an dieses Muster aufgelöst werden. Sie werden feststellen, dass das Bedürfnis verschwunden ist, wenn Sie einige Wochen lang die Violette Flamme auf diese Umstände gerichtet haben. Handelt es sich dabei hingegen um ein authentisches Bedürfnis, dann wird die Violette Flamme Ihnen zu einem neuen Verständnis seiner Bedeutung für Ihr Leben verhelfen.

Ein weiterer Schlüssel zur Bewertung von Bedürfnissen ist die Sichtweise, die man einnimmt. Manchmal ist es leichter, die Realität zu prüfen, wenn man sich aus einer Situation kurzzeitig heraus begibt. Es ist genau wie bei einem Vergrößerungsglas - wenn man zu nahe an einen Gegenstand herantritt, wird er verschwommen. Hält man das Vergrößerungsglas auch nur ein klein wenig weiter weg, wird alles scharf. Haben Sie keine Hemmungen, einen Schritt zurückzutreten und sich die nötige Zeit zu nehmen, um Entscheidungen zu treffen, die große Auswirkungen darauf haben werden, in welche Richtung Ihr Leben beziehungsweise Ihr spiritueller Pfad führen wird.

- *Was wird die Folge meiner Bedürfnisse sein? Bin ich glücklich mit dem, was ich geschaffen habe?*

- *Sind meine Bedürfnisse widersprüchlich, sodass sich meine Energie in "Energieknoten" staut? Welche Schritte kann ich unternehmen, um eine Lösung für diese konkurrierenden Bedürfnisse herbeizuführen und meine Energie freizusetzen?*

*Wenn es nötig ist, lasse ich meine persönlichen Bedürfnisse außen vor und helfe und diene anderen.*

In einem Augenblick der Selbstreflexion sagte der Häuptling Luther Standing Bear einmal: "Als Kind wusste ich, wie man richtig gibt. Seitdem ich zivilisiert geworden bin, habe ich diese Tugend vergessen."

Das größte Geschenk, das man machen kann, besteht darin, sich selbst zu schenken. Gott stattet uns mit Talenten und besonderen Eigenschaften aus, die wir mit anderen teilen können. Wir sind Gottes Botschafter. Wir sind Gottes Hände und Füße auf Erden und können denjenigen, die er körperlich nicht berühren kann, Liebe bzw. Trost, Freude bzw. Licht bringen. "Ihr habt mit vollen Händen bekommen, teilt auch mit vollen Händen aus", lehrte uns Jesus. Und je mehr wir geben, desto intensiver wird der Energiefluss. Je öfter wir "die Pumpe betätigen", desto stärker fließt diese Energie auch zu uns zurück. Dies ist ein Grundprinzip der Fülle - und es funktioniert.

Es liegt nur an uns zu sagen: "Hier bin ich, lieber Gott. Du hast mich geschaffen. Benutze mich. Benutze jeden Aspekt meines Verstandes, meines Herzens und meiner Seele sowie all meiner Chakren, um dein Licht und deine Liebe jedem gegenüber zu manifestieren, dem ich begegne!" Wir können aber auch Besitz ergreifend werden. Wir können die Energie, die uns aus der universellen Quelle zuströmt, als unser Eigentum deklarieren und den Strom stoppen. Wenn wir den Strom stoppen, kommt es zum Energiestau. Dadurch entsteht eine Energiespirale, die sich abwärts bewegt und uns in unser niederes Selbst hinabzieht, im Gegensatz zur positiven Energiespirale, die uns in die höheren Schwingungen des spirituellen Bewusstseins emporträgt.

Ein Priester lernte einst eine Lektion über das Geben, als er sich in die Einsamkeit zurückgezogen hatte. Er erzählte über dieses Erlebnis Folgendes: "Dort gibt es einen Mönch, der nie Ratschläge erteilt, sondern lediglich eine Frage stellt. Mir wurde gesagt, dass seine Fragen sehr hilfreich sein können. Ich suchte ihn auf. 'Ich bin ein Gemeindepriester', sagte ich. 'Ich bin hier zur inneren Einkehr. Könntest du mir eine Frage stellen?'

'Aber Ja', antwortete er. 'Meine Frage ist die: 'Was brauchen die Menschen?'

Ich ging enttäuscht zurück. Ich verbrachte mit dieser Frage mehrere Stunden, notierte Antworten, doch schließlich kehrte ich zu ihm zurück.

'Entschuldigung. Vielleicht habe ich mich nicht klar genug ausgedrückt. Deine Frage war hilfreich. Doch ich wollte hier in der Abgeschiedenheit nicht zu sehr über mein Apostolat [meine Arbeit in der Pfarrgemeinde] nachdenken. Ich wollte stattdessen ernsthaft über mein persönliches spirituelles Leben nachdenken. Könntest du mir eine Frage zu meinem persönlichen spirituellen Leben stellen?'

'Ah, ich verstehe. Dann lautet meine Frage folgendermaßen: 'Was brauchen die Menschen WIRKLICH?''' [4)]

Was für eine großartige Frage - ideal, um jeden Tag mit ihr zu beginnen ...

- *Was brauchen die Menschen, deren Leben sich heute mit dem meinen überschneidet, von mir?*

- *Was kann ich meinen Mitmenschen aus meinem "Vitalitätslager" schenken?*

- *Wie kann ich dem Leben die Talente und Gaben zurückgeben, die es mir geschenkt hat?*

# SPIRITUELLE TECHNIKEN

## *Affirmationen für Balance und inneren Frieden*

*Friede, sei still! Friede, sei still! Friede, sei still!*

*ICH BIN die Hand Gottes in Aktion,*
*die jeden Tag den Sieg davonträgt.*
*Die höchste Freude meiner Seele*
*ist es, den goldenen Mittelweg zu gehen.*

## Das Gebet des heiligen Franziskus

*Herr,*
*Mache mich zum Werkzeug deines Friedens,*
*Dass ich Liebe bringe, wo man sich hasst,*
*Dass ich Versöhnung bringe, wo man sich kränkt,*
*Dass ich Einigkeit bringe, wo Zwietracht ist,*
*Dass ich den Glauben bringe, wo Zweifel quält,*
*Dass ich die Hoffnung bringe, wo Verzweiflung droht,*
*Dass ich die Freude bringe, wo Traurigkeit ist,*
*Dass ich das Licht bringe, wo Finsternis waltet.*

*O Meister,*
*Hilf mir, dass ich nicht danach verlange*
*Getröstet zu werden, sondern zu trösten,*
*Verstanden zu werden, sondern zu verstehen,*
*Geliebt zu werden, sondern zu lieben.*

*Denn:*
*Wer gibt, der empfängt,*
*Wer verzeiht, dem wird verziehen,*
*Wer stirbt, der wird zum ewigen Leben geboren.*

# Reinigung der Energiezentren

*"Wenn der Fluss klar und rein*
*durch sein Flussbett strömt,*
*wird an seinen Ufern alles im Einklang sein."*

- LAO TSE

Jeden Augenblick unseres Lebens umfließt uns Energie, und jeden Augenblick unseres Lebens entscheiden wir, ob wir diese Energie positiv oder negativ aufladen. Gemäß dem Gesetz des ewigen Kreislaufs, dem Gesetz des Karmas, wird diese Energie schließlich zu uns zurückkehren. Wenn die positive Energie zurückkehrt (als positives Karma), erleben wir, wie positive Dinge in unser Leben treten, und wir erhalten Lebenskraft. Energie mit negativer Ladung, die wir dazu benutzt haben, um andere zu verletzen, anstatt ihnen zu helfen, kehrt (als negatives Karma) ebenfalls zu uns zurück - und verlangt in diesem Falle nach Auflösung.

Diese Energie ist vergleichbar mit Schlacke, die sich an unseren sieben Energiezentren festsetzt und den natürlichen Strahl des Lichts und der Lebenskraft durch das Energiesystem unseres Körpers trübt. Wenn unsere Energiezentren und die Kanäle, die diese verbinden, verklebt sind, drehen sich die Chakrenräder nicht mehr mit ihrer natürlichen Frequenz und entfalten nicht mehr ihr volles Potenzial. Dann kann es sein, dass wir uns träge oder krank fühlen bzw. pessimistisch werden, ohne die Ursache zu kennen. Wenn unsere Chakren und Energiekreisläufe, die diese miteinander verbinden, klar und rein sind, verspüren wir mehr Energie und fühlen uns positiv, glücklich und schenken anderen gern etwas weiter.

## Die karmische Gleichung

Eine weitere Möglichkeit, um zu verstehen, wie sich unsere Handlungen in der Vergangenheit auf unser heutiges Leben auswirken, besteht darin, die karmischen Schlacken, die an unseren Chakren kleben, aus der Sichtweise des Feng Shui zu betrachten. Feng Shui ist die alte chinesische Kunst, die unser äußeres Umfeld ordnet und so Harmonie und Balance in unser Leben bringt.

Die Meister des Feng Shui lehren, dass Störungen in unserem körperlichen Umfeld den Fluss der Lebensenergie (oder des Chi) um uns herum hemmen. Sie behaupten, dass ein ungehinderter (oder auch ein stockender) Energiefluss unsere Gesundheit, unsere Finanzen, unsere Beziehungen - schlicht unser komplettes Leben - stark beeinflusst. Ebenso können "karmische Störungen" auf einer feinstofflichen energetischen Ebene Blockaden im Energiefluss *in uns* auslösen, die uns körperlich, emotional, mental und spirituell bremsen.

Karmische Schlacken sind wie Blätter, die nach einem Sturm den Abfluss verstopfen. Damit das Wasser ordnungsgemäß durch den Abfluss fließen kann, müssen wir die Blätter wegräumen. Um also spirituelle Energie durch unsere Chakren fließen zu lassen, um diese zu aktivieren, müssen wir die Partikelchen beseitigen, die an diesen heiligen Zentren kleben. So, wie wir den Schmutz und Staub, den wir jeden Tag aufnehmen, abwaschen, können wir auch ein tägliches "Baderitual" durchführen und unsere Chakren reinigen.

## Eine hochfrequente spirituelle Energie

Die Gebete und Übungen, die uns über die Weltreligionen überliefert worden sind, sind heilige Formeln, die den Heiligen Geist zur Reinigung anrufen. In manchen spirituellen Traditionen sieht man diese kraftvolle Verwandlungsenergie als violettes Licht, das als "Violette Flamme" bekannt ist.

So, wie ein Sonnenstrahl, der durch ein Prisma fällt, in die sieben Farben des Regenbogens gebrochen wird, besteht spirituelles Licht aus sieben Strahlen oder "Flammen".

Rufen wir diese spirituellen Flammen im Gebet oder in der Meditation an, so verursacht jede Flamme eine bestimmte Wirkung in unserem Körper, unserem Geist und in unserer Seele. Die Violette Flamme ist das spirituelle Licht mit der Farbe und Frequenz, die Gnade, Vergebung und Transmutation anregen.

"Transmutation" bedeutet Verwandlung, Umwandlung in eine höhere Form. Dieser Begriff wurde bereits vor Jahrhunderten von den Alchemisten verwendet, die auf physikalischer Ebene versuchten, unedle Metalle in Gold zu verwandeln - und auf geistiger Ebene die Transformation und das ewige Leben zu bewirken. Genau dies vermag die Violette Flamme. Es handelt sich hierbei um eine hochfrequente spirituelle Energie, die die "groben" Elemente vom Gold unseres wahren Selbst trennt, sodass wir unser volles Potenzial erreichen können.[1)]

Die Violette Flamme wirkt außerdem wie der atmosphärische Druck auf ein Barometer. Wenn wir die Violette Flamme anrufen, damit sie die Schlackenstoffe rund um unsere Chakren verzehrt, so übt sie Druck nach unten aus. Der Druck und die Beschleunigung dieses Lichtes in uns lassen die Kundalini-Energie auf natürliche Weise hochsteigen, sodass diese die anderen Chakren nährt.

Wodurch wird die Violette Flamme zu einem solch kraftvollen Werkzeug? In unserer physischen Welt hat das violette Licht die höchste Frequenz im sichtbaren Bereich des Spektrums. Fritjof Capra erklärt in seinem Buch "Das Tao der Physik": "Das violette Licht besitzt eine hohe Frequenz und eine kurze Wellenlänge. Daher besteht es aus Photonen mit hoher Energie und starkem Momentum."[2)] Von all den spirituellen Flammen ist die Violette Flamme den chemischen Elementen und Komponenten unseres physischen Universums in ihrer Schwingung am nächsten. Sie kann daher Materie auf der atomaren und subatomaren Ebene am leichtesten durchdringen und verwandeln.

Sie selbst, liebe Leserin, lieber Leser, können als Ergänzung Ihrer persönlichen spirituellen Übungen Affirmationen und Gebete zur Violetten Flamme sprechen. Wer die Violette Flamme bereits in seine Gebete eingeschlossen hat, hat festgestellt, dass sie imstande ist, Glaubensmuster zu löschen, inneren Schmerz zu lösen und wieder Harmonie in unser Leben zu bringen. Sie schafft in uns das Bewusstsein und die Einstimmung auf unser inneres Selbst, das für unsere Kreativität und unser Lebensgefühl sowie unser Wirken auf Erden im Positiven verantwortlich ist.

Ich erhielt einen Brief von einer Dame mit folgendem Wortlaut: "Seit Jahren gehe ich bei Psychologen ein und aus. Sie haben mir die Augen geöffnet, sodass ich die Ursachen erkennen konnte - doch wie kann ich diese *verändern*?" Sie begann mit täglichen Gebeten zur Violetten Flamme und erzählte, dass die Violette Flamme ihre tief sitzenden Gefühle des Grolls durchdrang und auflöste. "Dank der Violetten Flamme", so sagte sie, "wurde ich gesund, vital und dankbar."

Ich habe in meinem Leben bereits Tausende von Menschen getroffen, die mit der Violetten Flamme erfolgreich arbeiten. Jeder benötigt dafür unterschiedlich viel Zeit - angefangen bei einem Tag bis hin zu mehreren Monaten - bis sich erste Ergebnisse einstellen. Wenn man jedoch konsequent dabeibleibt, wird man schon bald den Unterschied spüren.

Ich empfehle Anfängern stets, mit der Violetten Flamme herumzuexperimentieren. Ich rate ihnen, mindestens einen Monat lang 15 Minuten pro Tag Gebete und Affirmationen zu sprechen und sich die positiven Veränderungen zu notieren, die sich in ihrem Leben einstellen. Man kann diese Affirmationen in sein Morgengebet einschließen, unter der Dusche rezitieren oder sprechen, während man seine Toilette macht, wenn man zur Arbeit fährt, zum Einkaufen geht oder Körperübungen macht.

Sie können die "Chakra-Affirmationen" in diesem Kapitel benutzen, um Ihre Chakren zu reinigen und zu energetisieren, sodass Sie die höchste Ebene Ihres spirituellen Potenzials entfalten können.[3)] Diese Affirmationen beginnen beim zentralen Chakra, dem Herzchakra, und folgen dann einer Spiralbewegung durch die Chakren über und unter dem Herzen.

# Spirituelle Techniken

## *Chakra-Affirmationen*

*ICH BIN ein Wesen des violetten Feuers,*
*ICH BIN die Reinheit, die Gott wünscht!**

*Mein Herz ist ein Chakra des violetten Feuers,*
*Mein Herz ist die Reinheit, die Gott wünscht!*

*ICH BIN ein Wesen des violetten Feuers,*
*ICH BIN die Reinheit, die Gott wünscht!*

* Jeder Affirmationsvers wird üblicherweise mindestens dreimal bzw. ein Vielfaches der Zahl drei gesprochen.

*Mein Kehlchakra ist ein Rad des violetten Feuers,*
*Mein Kehlchakra ist die Reinheit, die Gott wünscht!*

*ICH BIN ein Wesen des violetten Feuers,*
*ICH BIN die Reinheit, die Gott wünscht!*

*Mein Solarplexus ist eine Sonne des violetten Feuers,*
*Mein Solarplexus ist die Reinheit, die Gott wünscht!*

*ICH BIN ein Wesen des violetten Feuers,*
*ICH BIN die Reinheit, die Gott wünscht!*

*Mein Drittes Auge ist ein Zentrum des violetten Feuers,*
*Mein Drittes Auge ist die Reinheit, die Gott wünscht!*

*ICH BIN ein Wesen des violetten Feuers,*
*ICH BIN die Reinheit, die Gott wünscht!*

*Mein Seelenchakra ist eine Kugel aus violettem Feuer,*
*Mein Seelenchakra ist die Reinheit, die Gott wünscht!*

*ICH BIN ein Wesen des violetten Feuers,*
*ICH BIN die Reinheit, die Gott wünscht!*

*Mein Kronenchakra ist ein Lotus von violettem Feuer,*
*Mein Kronenchakra ist die Reinheit, die Gott wünscht!*

*ICH BIN ein Wesen des violetten Feuers,*
*ICH BIN die Reinheit, die Gott wünscht!*

*Mein Wurzelchakra ist eine Quelle des violetten Feuers,*
*Mein Wurzelchakra ist die Reinheit, die Gott wünscht!*

*ICH BIN ein Wesen des violetten Feuers,*
*ICH BIN die Reinheit, die Gott wünscht!*

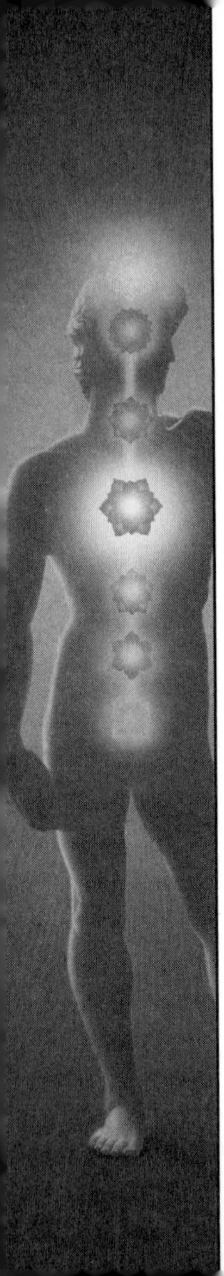

VIERTES ENERGIEZENTRUM:

# HERZCHAKRA

**SITZ:** in der Brustmitte

**FARBE:** pink, rosa

**NAME IM SANSKRIT:** Anahata
("unschlagbar" oder "ungebrochen")

**BLÜTENBLÄTTER:** 12

**AUSDRUCK IM POSITIVEN ZUSTAND:**
Liebe, Mitgefühl, Schönheit, Selbstlosigkeit, Sensibilität, Wertschätzung, Trost, Kreativität, Wohltätigkeit, Großzügigkeit

**IM UNAUSGEGLICHENEN ZUSTAND:**
Hass, Abneigung, Egoismus, Selbstmitleid, menschliches Mitleid, Vernachlässigung

**KÖRPERZONEN:** Herz, Thymus, Blutkreislauf

**MUSIKINSTRUMENT:** Harfe

**EDELSTEINE:** Rubin, Diamant, Granat, Rosenquarz, pinkfarbener Beryll

**TRADITIONELLE SPIRITUELLE LEHRE:**
Christentum

*Die Herzensfeuer der liebevollen Freundlichkeit und Fürsorge motivieren uns zu Handlungen in Weisheit und Mitgefühl*

# HERZCHAKRA

LEBENSLEKTION:

Werden Sie selbst zur
wandelnden Liebe

*"Es ist nicht so wichtig, viel zu denken.*
*Es ist wichtiger, viel zu lieben.*
*Tut daher, was eure Liebe am meisten*
*entfacht."*

- TERESA VON AVILA

Das Herzzentrum ist das wichtigste Energiezentrum im Körper. Es ist der Mittelpunkt des Lebens, sowohl in körperlicher als auch in spiritueller Hinsicht. So wie unser Herz sauerstoffreiches Blut aus unseren Lungen in den restlichen Körper pumpt, fließt die Energie, die wir von Gott empfangen, durch unser Herzchakra, bevor sie die anderen Chakren und Systeme unseres Körpers versorgt.

Wenn die Energie durch unser Herzchakra fließt, erfährt sie eine bestimmte Prägung - durch die einzigartige

Schwingung und Qualität unseres Herzens. “Wie der Mensch in seinem Herzen denkt, so ist er”, lautet es in einem der Sprüche Salomons. Ist die Motivation unseres Herzens rein und sind wir bestrebt, anderen Liebe, Freundlichkeit und Mitgefühl entgegenzubringen, so wird die Energie, die durch unser Herzchakra fließt, hinausströmen und Segen und Energie bringen.

Ist hingegen die Energie, die von unserem Herzchakra ausgeht, unrein - ist sie also durch Ich-Bezogenheit, Hass oder Ablehnung befleckt - können darunter all unsere Chakren leiden. Daher ist es so wichtig, unsere Meditationen und spirituellen Übungen mit der Reinigung und Balance des Herzens zu beginnen.

*»Ich bin so stark wie zehn Menschen, weil mein Herz rein ist.«*

- GALAHAD IN »SIR GALAHAD«

Viele Menschen sprechen heutzutage davon, dass man im Herzen zentriert sein, vom Herzen aus sprechen, vom Herzen aus handeln muss. Doch es herrschen eine ganze Reihe von Missverständnissen darüber, wie dies auszusehen hat. Wahre Liebe ist nicht sentimental oder passiv. Sie ist stark und sie ist sanft. Und, wie die Mystiker uns berichten, sie ist außerordentlich praxisbezogen.

Der Sufi-Dichter Rumi beispielsweise schrieb: “Jemand fragt: ‘Wie kann die Liebe Hände und Füße haben? Die Liebe ist das Frühbeet für Hände und Füße!'"[1)]

Mutter Teresa hätte diesem Ausspruch von ganzem Herzen zugestimmt, denn aus ihrer Liebe entstand ein alles verzehrender Dienst am Nächsten. Liebe war für sie ein Grundbestandteil des Schauspiels unseres Lebens im Alltag. "Wir vollbringen keine großartigen Dinge", erklärte sie. "Wir vollbringen nur kleine Dinge mit großer Liebe."

Der Mystiker und Heilige Johannes vom Kreuz sagte, dass das Ziel des Lebens, unsere letztendliche Vereinigung mit Gott, nur durch diese "lebendige Flamme der Liebe" erreicht werden kann. Da das Herzzentrum und sein Feuerwerk der Liebe so unverzichtbar für unsere körperliche, emotionale und spirituelle Vitalität sind, sind die Initiationen und Lektionen, die das Herz betreffen, die tiefsten, welchen wir jemals begegnen werden.

## *Ich pflege Mitgefühl.*

Was ist wahres Mitgefühl? Um diese Frage zu beantworten, müssen wir zwischen Mitgefühl und Mitleid unterscheiden. Wir neigen dazu, diese Worte synonym zu verwenden. Doch um die Feinheiten zu verstehen, die bei der Vervollkommnung des Herzchakras beteiligt sind, ist es hilfreich, folgende Unterscheidung zu treffen: Mitgefühl stammt von der Ebene unseres Höheren Selbst und lässt uns dem anderen das geben, was er oder sie in diesem Moment wirklich braucht. Mitleid entspringt dem niederen Selbst und steht dem im Weg, was die Seele wirklich braucht.

Mitleid bietet uns in Form von Selbstmitleid die Möglichkeit, uns selbst zu bedauern, unseren Schwächen gegenüber nachsichtig zu sein und mit dem Gefühl "Ach, ich Armer!" in ein Loch zu fallen. Selbstmitleid verstärkt unser Gefühl, in der Opferrolle zu sein, anstatt uns zu helfen, unsere Herausforderungen als Chancen zu betrachten. In unserer Aura erscheint das Mitleid als Energie, die wie Sirup von unserem Herzen tropft, sowie als Energie, die sich spiralförmig nach unten bewegt, und letztendlich unsere Emotionen und auch das Seelenbewusstsein nach unten zieht.

Mitgefühl hingegen lässt uns in die reinen Flammen des Herzens eintauchen, um andere aufzurichten, sodass sie ihr volles Potenzial erkennen können. Mitgefühl unterstützt den Prozess der Vervollkommnung der Seele. Mitgefühl lässt niemanden, der verletzt ist, dort zurück, wo es ihn findet.

Es ist in Ordnung, ein Kind, einen Freund oder einen geliebten Menschen zu unterstützen. Doch wenn unsere Fürsorge diese davon abhält, ihre Lektionen zu lernen und daran zu wachsen, so tun wir ihnen keinen

Gefallen. Manchmal brauchen die Menschen, die wir am meisten lieben, eine Portion Realität, den Ruf des Erwachens.

Es gibt noch einen Unterschied zwischen Mitgefühl und Mitleid: Mitleid kann, anstatt unterstützend zu sein, auch anmaßend oder erstickend wirken. Wir können eine Blume nicht zum Blühen zwingen, indem wir ihre Blütenblätter auseinander drücken oder sie gießen, bis sie ertrinkt. Wir können jedoch sicherstellen, dass sie genug (aber auch nicht zu viel) Luft, Wasser, Sonnenlicht und Nahrung bekommt - eben genau das richtige Umfeld und die richtigen Nährstoffe. Dann können wir nur noch loslassen und es der Blume überlassen, sich gemäß ihrem eigenen inneren Zeitplan und ihrer inneren Kraft zu entfalten. Das Gleiche gilt auch für die Seelen, die unserer Fürsorge unterstehen.

Das Loslassen ist manchmal so schwer. Wenn unsere Kinder zum ersten Mal zu laufen beginnen, würden wir sie am liebsten davor bewahren, dass sie sich wehtun, und ihnen die nötige Stütze bieten. Es ist jedoch so wichtig, sie ihre Gehversuche immer wieder von neuem selbst unternehmen zu lassen, bis sie diesen ersten Schritt wirklich ganz allein tun. Das Gleiche gilt für all die Schritte, die wir im Leben machen. Niemand kann sie uns abnehmen - und wir können sie niemandem abnehmen.

- *Bringe ich anderen mein Mitgefühl in Form von Unterstützung und Realismus entgegen, oder hege ich für die anderen eher Mitleid, indem ich nachsichtig bin oder den anderen förmlich ersticke?*

- *Kann ich, falls nötig, loslassen und es den anderen überlassen, ihren Schritt nach vorn selbst zu tun?*

- *Wie kann ich öfter in meinem Leben mein Mitleid in Mitgefühl verwandeln?*

*Ich betrachte Situationen, die mich herausfordern, als Chance, ein offenes Herz zu bewahren.*

Es gibt zwei universelle Wahrheiten, die wir manchmal vergessen.

| | |
|---|---|
| *Erstens:* | Nicht jeder denkt, fühlt und handelt wie wir. |
| *Zweitens:* | Es ist in Ordnung, dass nicht jeder so denkt, fühlt und handelt wie wir. |

Wir müssen nicht auf einen Kreuzzug gehen, um jemanden zu verändern. Wir brauchen nicht Henry Higgins Gefühl teilen: "Warum kann eine Frau nicht so sein wie ein Mann?" - Warum kann er/sie nicht etwas mehr so sein wie ich?

Eines der wichtigsten Dinge, die wir Kindern frühzeitig beibringen können, ist es zu genießen, wie unterschiedlich die Menschen sind. Geben Sie den Menschen den Raum zu sein, wer sie wirklich sind. Wir werden in unserem Leben alle möglichen Arten von Menschen treffen, die nicht in unsere Schablone hinein passen. Doch in den meisten Fällen haben sie uns etwas mitzuteilen. Egal, wer Ihnen begegnet, versuchen Sie stets, Ihr Herz offen zu halten und zu entdecken, was Gott Ihnen durch diesen Menschen vermitteln will. Denn Gott macht keine Fehler. Das Leben bringt uns mit den Menschen und den Situationen in Berührung, die wir brauchen.

*»Ich folge der Religion der Liebe: Welchen Weg auch immer das Kamel der Liebe nimmt – das ist meine Religion, das ist mein Glaube.«*

- IBN ARABI

Als der Philosoph und spirituelle Führer Gurdjieff in Frankreich eine Lebensgemeinschaft gegründet hatte, lebte dort unter anderem ein reizbarer, ungepflegter alter Mann. Er passte nicht so recht in die Gruppe und keiner kam mit ihm zurecht.

Sogar der alte Mann schien dies zu bemerken, und nach einigen schwierigen Monaten zog er nach Paris um. Gurdjieff folgte ihm und bat ihn, es sich anders zu überlegen. Doch der alte Mann weigerte sich, in eine solch unangenehme Situation zurückzukehren. Schließlich bot Gurdjieff dem Mann eine anständige Pension, wenn er wieder in die Kommune zurückkehren würde.

Als der übellaunige Genosse wieder auf der Bühne erschien, waren die anderen Bewohner der Kommune völlig verblüfft. Als sie herausfanden, dass Gurdjieff ihn sogar dafür bezahlt hatte - wohingegen sie selbst umgekehrt Gurdjieff Geld bezahlten, um in der Kommune leben zu dürfen - waren sie regelrecht empört.

Schließlich erklärte Gurdjieff, warum er den Mann nicht einfach hatte gehen lassen können: "Wenn er nicht hier wäre, würdet ihr nicht das lernen, was ihr über Wut oder Mitgefühl lernen müsst", sagte er zu ihnen. "Dafür bezahlt ihr mich, und dafür bezahle ich ihn!" Dieser weise Lehrer wusste, dass der griesgrämige alte Mann das feine Sandkorn, der Reizkörper war, der in der Kommune die schimmernden Perlen erzeugen würde.

Glauben Sie nicht, dass Gott das Gleiche tut? Er "arrangiert" die Dinge so, dass wir über Wut, Reizbarkeit, Geduld und Mitgefühl viel lernen können. Wenn wir einer Person gegenüber sofort instinktiv eine Abneigung verspüren, sind wir wahrscheinlich mitten in unser Karma rannte. Je schneller wir dieses Karma betrachten und es mit Liebe auflösen, desto schneller werden wir von ihm befreit sein. “Seid dankbar für jeden, der kommt”, lautet Rumis Rat, “denn jeder wurde euch von oben als Führer geschickt.” [2)]

Flüstern Sie ein Gebet zu Gott, damit er Ihnen hilft, ein offenes Herz zu bewahren, und Ihnen genau zeigt, was Sie aus der Situation lernen sollen. Rufen Sie Ihr Höheres Selbst und das Höhere Selbst des anderen an, damit diese Ihre Beziehung lenken. Seien Sie dann einfach freundlich und warten Sie ab, wie sich der Rest entwickelt.

Kurzfristig betrachtet, mag es einfacher erscheinen, eine Situation zu ignorieren, gegen sie zu rebellieren oder davonzulaufen. Doch langfristig betrachtet stimmt dies nicht. Wenn wir eine Abneigung gegen jemanden verspüren, fesseln wir uns an diese Person. Erinnern Sie sich an jene Szene aus dem Film “Die Rückkehr der Jedi-Ritter?” Luke Skywalker wird vom bösen Imperator und Darth Vader in eine Falle gelockt. Der Imperator versucht, Luke auf die dunkle Seite zu locken. An einer Stelle wendet sich der Imperator zu Luke um und spottet: “Der Hass schwillt jetzt in dir an. Nimm deine Jedi-Waffe. Benutze sie. Ich bin unbewaffnet. Strecke mich damit nieder. Gib deinem Hass nach. Mit jeder Sekunde, die verstreicht, machst du dich mehr zu meinem Sklaven.”

Luke erkennt, dass sein Hass ihn an die dunkle Seite fesseln wird. Er sammelt sich in seinem Herzen, bestärkt seinen Bund mit "der Macht" und zieht schließlich - Kraft seiner eigenen Liebe - Darth Vader zurück ins Licht. Doch der Imperator hatte absolut Recht: Hass wirft uns dem, den wir hassen, zu Füßen.

- *Welche herausfordernden Situationen gibt es in meinem Leben? Was soll ich daraus lernen?*

- *Gibt es derzeit Umstände in meinem Leben, die ich als Gelegenheit betrachten kann, um mein Herz offen zu halten? Was kann ich tun, um auch in solchen Situationen mein Mitgefühl am Leben zu erhalten?*

*Ich erkenne und würdige die spirituelle Schönheit in mir und meinen Mitmenschen.*

Viele von uns haben es nicht gelernt, andere zu "coachen". Unsere Lehrmeister waren Manager, keine Mentoren. Es gehört zu unserer kollektiven Herausforderung in diesem neuen Zeitalter, in diesem Zeitalter des Wassermanns, unsere fürsorgliche weibliche Seite zu stärken und zum Ausdruck zu bringen - die Seite von uns, die mit dem Aufbau von Beziehungen, mit Lebensbegleitung und Teamwork befasst ist.

Ein guter Ausgangspunkt besteht darin, sich einfach nicht selbst im Wege zu stehen und andere zu schätzen. Tagtäglich sollten Sie sich an jemanden wenden und ihm für seinen Beitrag danken - sei es für die gute Arbeit, die er geleistet hat, oder einfach nur für die Tatsache, dass er so fröhlich und sonnig ist. Je mehr wir das Positive bei anderen verstärken, desto wahrscheinlicher werden sie dieses positive Verhalten imitieren. Je mehr wir ihre negative Seite hervorheben, desto wahrscheinlicher werden sie glauben, dass dies alles ist, wozu sie in der Lage sind, und daher das gleiche Verhaltensmuster immerzu wiederholen.

Außerdem werden wir, je mehr wir andere lieben und schätzen lernen, wie ein Magnet auch mehr Liebe in unsere eigene Welt ziehen. "Ein liebevoller Mensch lebt in einer liebevollen Welt. Ein feindseliger Mensch lebt in einer feindseligen Welt", sagte Ken Keyes Junior. "Jeder, den du triffst, ist dein Spiegel." Im Klartext formulierte Lucille Ball dies einmal so: "Ich bin Anhängerin einer Alltagsreligion, die für mich funktioniert: 'Liebe zuallererst dich selbst - dann regelt sich alles andere von selbst.' Man muss sich wirklich selbst lieben, um in dieser Welt irgendetwas auf die Reihe zu bringen."

Die spirituelle Aktivität unseres Herzens hat auf unsere Gesundheit und Vitalität entscheidenden Einfluss. Forscher vom Institut HeartMath haben beispielsweise bewiesen, dass Emotionen wie Wut oder Frustration das Herz und andere Organe belasten. Emotionen wie

Liebe, Mitgefühl und Wertschätzung haben den gegenteiligen Effekt: Sie schaffen Harmonie im Körper, die zu einer Erhöhung der Immunität und einem ausgeglicheneren Hormonspiegel führen.[3)]

Es gibt eine wunderschöne chassidische Geschichte, die die gewaltigen Auswirkungen zeigt, die Wertschätzung nicht nur auf uns selbst, sondern auch auf die Welt um uns herum haben kann. Ein Rabbi pflegte sich sooft wie möglich in eine kleine Hütte in einem Wald zurückzuziehen, der ein Kloster umgab. Eines Tages besuchte der Mönch des Klosters den Rabbi und bat ihn um seinen Rat. Er erklärte, dass sein Orden immer kleiner wurde - so klein, dass er mittlerweile nur noch fünf Mönche zählte, die alle bereits über 70 Jahre alt waren.

Der Rabbi erklärte dem Mönch, dass er das gleiche Problem habe. Immer weniger Menschen kamen zur Synagoge. “Ich fürchte, ich weiß keinen Rat”, sagte der Rabbi. “Ich kann dir nur sagen, dass einer von euch der Messias ist.”

Als er nach Hause zurückkehrte, erzählte der Abt den anderen vier Mönchen, was der Rabbi gesagt hatte. Konnte es wirklich sein, dass einer von ihnen der Messias war, überlegten sie. Obwohl jeder dieser Mönche so seine kleinen Schrullen besaß, begannen sie zu erkennen, dass jeder von ihnen auch über große Tugenden verfügte. Da ja jeder von ihnen der Messias sein konnte, behandelten sie einander mit größerer Wertschätzung und Respekt. Und sie begannen auch, sich selbst mehr zu schätzen und zu respektieren.

Des Öfteren pflegten die Menschen aus der Stadt auf dem schönen Gelände des Klosters Picknicks zu veranstalten. Manchmal meditierten sie auch in seiner alten Kapelle. Im Lauf der Monate spürten die Menschen etwas ganz Besonderes. An diesem Ort herrschte eine besondere Atmosphäre, denn die Mönche behandelten einander mit so großer Ehrerbietung. Daher kamen die Stadtmenschen immer häufiger zu Besuch. Sie brachten ihre Freunde mit. Schließlich begannen einige der jüngeren Besucher des Klosters, mit den Mönchen zu reden. Zunächst bat der eine, dann der nächste der jungen Männer, in den Orden eintreten zu dürfen. Nachdem einige Jahre vergangen waren, war das Kloster wieder voll und zu einem großen spirituellen Zentrum geworden - nur auf Grund der weisen Abschiedsworte des Rabbis an den Abt und durch die Kraft der Wertschätzung für die anderen.

*»Nur vom Herzen aus kann man den Himmel erreichen.«*

- RUMI

Die Heilkraft unseres Herzens kann in der Tat eine Kettenreaktion auslösen. In seiner Hopi-Botschaft an die Vereinigten Staaten 1992 sagte Thomas Banyacya: "Wenn wir zu spiritueller Harmonie zurückkehren und aus unseren Herzen leben, können wir das Paradies auf Erden erleben."

Liu I-ming, ein Anhänger des Taoismus, der um das Jahr 1737 geboren wurde, sagte, dass die Kraft, die Welt zu verändern, in jedem Einzelnen von uns beginnt. Er schrieb: "Ein weiser Mensch sagte einmal: 'Wenn du eines Tages Meister über dich selbst geworden und zu einem maßvollen Verhalten zurückgekehrt bist, wird die ganze Welt wieder zur Menschlichkeit zurückfinden.' Glauben Sie, dass die Menschlichkeit von Ihnen selbst oder von anderen abhängt? Dies ist in der Tat der Dreh- und Angelpunkt dieser Aussage."[4)]

- *Suche ich nach Möglichkeiten, um andere zu schätzen? Springe ich selbst über meinen eigenen Schatten, um anderen für ihren Beitrag Dank zu zollen?*

- *Halte ich nach Möglichkeiten Ausschau, um mich selbst wertzuschätzen?*

- *Nutze ich, wenn ich die Gelegenheit habe, eine Leit- oder Führungsrolle zu übernehmen, diese Chance, um die Kreativität anderer zu fördern oder aber, um mein Tagespensum abzuarbeiten?*

*Nutze ich die Führungsrolle, um andere herumzudirigieren, oder um sie zu leiten?*

*Ich setze gesunde Grenzen.*

So, wie eine der Initiationen des Herzens darin besteht, unser Herz offen zu halten, ist es eine andere Aufgabe für uns, gesunde Grenzen zu ziehen. Ja, wir dürfen "Nein" sagen!

Wenn wir nicht in der Lage sind, die nötigen Grenzen zu setzen, ist dies in der Tat ungesund - nicht nur für uns, sondern auch für andere. Wir haben bereits die Erfahrung gemacht, wie leicht es ist, überstrapaziert und erschöpft, reizbar und unkreativ zu werden, wenn wir zu allen Dingen "Ja" sagen. Wenn wir uns nicht die nötige Zeit oder den nötigen Raum gönnen, um uns selbst wieder aufzuladen und zu stärken, können wir unsere Mission viel weniger effektiv erfüllen. Um anderen wirklich helfen zu können, müssen wir zuallererst auf uns selbst achten.

Gesunde Grenzen zu setzen bedeutet auch, dass wir für unsere Prinzipien einstehen können, selbst wenn unser Freundeskreis bzw. die Gesellschaft Druck auf uns ausüben. Dies bedeutet, dass wir zu den Dingen, die uns unserem höchsten Ziel im Leben nicht wirklich näher bringen, "Nein" sagen können.

Der Trappistenmönch und Schriftsteller des 20. Jahrhunderts, Thomas Merton, erklärte einmal, dass selbst in spirituellen Kreisen der Druck durch Gleichgesinnte zum Problem werden kann: "Der ärmste Mensch in einer religiösen Gemeinschaft ist nicht zwangsläufig derjenige, der die wenigsten Gegenstände besitzt ... Oft ist es derjenige, der immer allen zur Verfügung steht. Er steht allen jederzeit zu Diensten bereit und nimmt sich nie die Zeit, sich selbst etwas Gutes zu tun."[5)] Rabbi Moshe Leib beschrieb den gleichen Zustand folgendermaßen: "Ein Mensch, der nicht eine einzige Stunde am Tag zu seiner freien Verfügung hat, ist kein Mensch."

Es gibt im Buddhismus die Geschichte über eine junge Frau, die durch ihren buddhistischen Meditationsmeister eine wichtige Lektion über die Überschreitung von Grenzen erhielt. Jeden Tag konzentrierte sie sich auf die Entfaltung von liebevoller Freundlichkeit in ihrem Herzen. Doch sobald sie das Haus verließ, um zum Markt zu gehen, hatte sie es tagtäglich mit einem Kaufmann zu tun, der sich ihr aufdringlich näherte. Schließlich verlor sie die Fassung, schwang ihren Regenschirm und trieb den unverfrorenen Ladenbesitzer die Gasse hinab.

Zu ihrem Unglück beobachtete ihr Meditationsmeister sie von der Straßenecke aus. Beschämt darüber, dass sie die Kontrolle über sich selbst verloren hatte, ging sie auf ihn zu. Im sanftesten Tonfall sagte er zu ihr: "Fülle das nächste Mal, wenn du in eine derartige Situation gerätst, dein Herz mit so viel liebevoller Freundlichkeit an, wie du kannst - und nimm dann deinen Regenschirm und ziehe ihn diesem Strolch über den Kopf!"

Es gibt Zeiten, da müssen wir zum Schutz unserer eigenen Energien und Chakren eine Grenze ziehen - und wir können dies in den meisten Fällen, ohne jemandem den Regenschirm über den Kopf ziehen zu müssen! Manchmal musste auch ich meine Lektionen über das richtige Setzen von Grenzen auf schmerzvolle Weise lernen. Eines Tages rief mich jemand an und wurde mir gegenüber wütend. Als ich aufgelegt hatte, konnte ich förmlich den Schmerz in meinem Herzen spüren, und es brauchte einige Zeit, bis ich mich wieder erholt hatte. Später erkannte ich, dass das Liebevollste, was ich für mich und die Person am anderen Ende der Leitung hätte tun können, darin bestanden hätte, meine eigene Grenze zu ziehen, höflich "Auf Wiedersehen" zu sagen und aufzulegen.

*»Die Seele ist nicht dort, wo sie lebt, sondern wo sie liebt.«*

- THOMAS FULLER

Wenn jemand uns gegenüber wütend wird, haben wir die Möglichkeit, ihm sanft, aber entschieden zu erklären, dass wir gern später mit ihm weiter darüber reden möchten, wenn er sich besser fühlt. Wir werden jedoch das Gespräch beenden müssen, wenn er in dieser Weise weiter mit uns redet. Wir können den anderen nicht immer verändern, doch wir können die Verantwortung übernehmen, über unsere eigenen Energien zu wachen, indem wir gesunde Grenzen setzen.

- *Gibt es Situationen in meinem Leben, in welchen ich für mich selbst gesunde Grenzen setzen muss?*

- *Wie kann ich dem anderen in derartigen Situationen diese Grenzen liebevoll vermitteln?*

*Ich erkenne die Kraft der Sanftmut.*

Adepten sowohl der östlichen als auch der westlichen Weisheit lehren uns, dass die größte Kraft im Universum die Sanftmut ist. Lao Tse benutzte die Analogie des Wassers, um dies genauer zu erklären: "Es gibt nichts Sanfteres und Weicheres als das Wasser. Und dennoch gibt es nichts Besseres als das Wasser, um harte, starre Dinge anzugehen ... Das Schwache überwältigt das Starke, und das Sanfte das Harte ..."[6)]

Das Sanfteste, Geschmeidigste dieser Welt fegt rücksichtslos über die standhaftesten Dinge hinweg."[7]

Wenn wir Wasser durch unsere Finger rinnen lassen, fühlt sich dies nicht "stark" an. Dennoch kann Wasser Felsen zersetzen und findet seinen Weg in, durch und um gigantische Hindernisse herum. Die Kraft der Sanftmütigkeit vermag dasselbe auszurichten.

Sanftmut ist ein "Empfangsmodus", wenn unnatürliche, energische menschliche Handlungen und Reaktionen der natürlichen Regung des Herzens nachgeben. Sanftmut ist eine Haltung, die andere stärkt und immer gibt, jedoch nie angreift. Sanftmut - Weichheit - ist das Gegenteil von Brüchigkeit, Starrheit oder Widerstand. Brüchige Dinge können brechen. Doch weich zu sein bedeutet flexibel und biegsam zu sein. Ein weiser Kommentator sagte einmal: "Selig sind die Flexiblen, denn sie lassen sich nicht verbiegen."

Dies ist das ganze Geheimnis, das hinter den Kampfkünsten, wie beispielsweise T'ai Chi Ch'uan, steckt. Die Kampfkünste basieren auf der Stärkung innerer Energien und der Entwicklung von Sanftmut, die über den Einsatz äußerer Muskelkräfte siegen wird. Der Körper erscheint äußerlich weich und biegsam. Doch er konzentriert sich sehr auf die inneren Kräfte.

Cheng Man-ch'ing, ein Großmeister des T'ai Chi Ch'uan, schreibt: "Wer den Kampf liebt, wird immer harte, rohe Gewalt anwenden, um seinen Gegner zu schlagen, oder schnelle Techniken einsetzen, um ihn zu packen ... Wenn sich jemand mit Härte dagegen verteidigt, wird das Ende vom Lied sein, dass beide Seiten unterliegen und verletzt sind. Dies nenne ich nicht Meisterschaft.

Wenn mein Gegner Härte einsetzt, neutralisiere ich sie mit Sanftheit. Greift mein Gegner mit Bewegung an, so begegne ich ihm mit Stille ..." Das meinte Lao Tse, als er davon sprach, dass Sanftmut und Schwäche durchaus Härte und Stärke überwinden können.[8)]

In zwischenmenschlichen Beziehungen ist Sanftmut eine sanfte Methode, um mit einer Situation umzugehen, ohne den anderen (oder sich selbst) zu degradieren, sondern diesem zu beweisen, dass man nur sein Bestes im Sinn hat. Betrachten wir hierzu ein Beispiel aus dem Zen-Buddhismus. Ein Schüler, der von seinem Zenmeister die Kunst des Meditierens erlernte, kletterte nachts regelmäßig über die Tempelmauer und flüchtete in die Stadt, um sich zu vergnügen.

*»Im Herzen sind alle Menschen eins.«*

- DJWAL KUL

Eines Nachts erwischte ihn der Meister, als er den Stuhl bemerkte, den der Schüler benutzte, um zu flüchten und wieder zurückzukehren. Folglich wartete der

Meister in der Nacht in der Kälte und stellte sich dort hin, wo normalerweise der Stuhl stand. Als der Schüler zurückkehrte, stieg er seinem Lehrer auf den Kopf und sprang zu Boden. Als er erkannte, was geschehen war, war er schockiert und schämte sich.

"Ganz schön kalt heute Morgen", sagte sein Lehrer einfach. "Pass auf, dass du dich nicht erkältest." Der Schüler verschwand niemals wieder zu einer Mitternachts-Eskapade. Diese eine sanftmütige Reaktion seines Meisters veränderte sein Leben.

*Gibt es Momente, in welchen ich erlebt habe, dass Sanftmut statt Härte eine Situation verändert hat? Was kann ich daraus lernen?*

*Wie kann ich das nächste Mal, wenn ich mich in einer Härtesituation befinde, sanftmütig reagieren, um die Situation zu verändern?*

# SPIRITUELLE TECHNIKEN

## *Die Herzensaffirmation*

Erfahrungen, die wir in diesem oder einem vorherigen Leben gemacht haben, können unser Herz belasten. Manchmal führen solche Erfahrungen dazu, dass wir unser Herz verschließen. Wir werden wachsam, da wir verletzt sind, und möchten nicht mehr verletzt werden. Manchmal ist unser Herz schwer, weil wir egoistisch, wütend oder hartherzig gewesen sind. Wenn wir die Energie des Herzens lieblos einsetzen, bleibt diese Energie in unserem Bewusstsein, bis wir sie durch Liebe ersetzt haben.

Die folgende Herzensaffirmation hat schon vielen Menschen geholfen, sich auf ihr liebevolles Herz einzustimmen. Sie schafft einen spirituellen Raum um unser Herz herum und verhilft uns so, offener und sensibler zu werden und für uns selbst und die Misere anderer, die unsere Liebe und unsere Gebete brauchen, mehr Mitgefühl zu entwickeln.

Diese Affirmation ist eine Anrufung an die Alchemie der Violetten Flamme, um die schmerzhaften Erinnerungen an Erfahrungen in der Vergangenheit zu löschen. Sie verhilft uns zur Reinigung unseres Unterbewusstseins, das die Verurteilung durch Menschen aus unserem Bekanntenkreis oder Autoritätspersonen in sich aufnimmt, die uns gedemütigt oder eingeschüchtert haben. Die Violette Flamme kann diese Bewusstseinsmuster löschen und uns befreien, damit wir unser wahres Selbst werden.

Die Herzensaffirmation ist sehr eingängig und leicht zu merken. Sie können sie laut (oder leise) sprechen, sobald die Dinge nicht so laufen, wie sie sollen, oder sobald Sie ein Gefühl der Schwermut ums Herz haben. Sie können sie einmal, dreimal oder hundertmal rezitieren, während Sie sich immer weiter in die Meditation und Visualisierung vertiefen.

*Visualisierung:*

Während Sie die Herzensaffirmation sprechen, stellen Sie sich die Violette Flamme in Ihrem Herzchakra als pulsierendes violettes Licht vor, das Ihr Herz erweicht und erwärmt. Sehen Sie, wie die Violette Flamme Schicht für Schicht um Ihr Herz herum hinwegschmelzen lässt.

Während die Violette Flamme Ihr Herzchakra nährt, spüren Sie, wie sie Wut in Mitgefühl, Verbitterung in Freundlichkeit und Angst in Frieden verwandelt. Stellen

Sie sich die 12 Blütenblätter Ihres Herzzentrums vor, die sich entfalten, während Ihr Herz seine ureigenste Energie der göttlichen Liebe verströmt.

Herz

*Violettes Feuer, oh du göttliche Liebe,*
*lodere in meinem Herzen!*
*Du bist Gnade für immer wahr,*
*halte mich stets im Einklang mit dir.*

## *Lichtmeditation für das Herz*

Je mehr wir uns auf das Herz und die Eigenschaften des Herzens in unserem Leben und in unserer spirituellen Praxis konzentrieren, desto kraftvoller und sensibler wird unser Herz. Das schöne Gebet "ICH BIN das Licht des Herzens" von Saint Germain lobt den göttlichen Funken in unserem Herzen und kann uns helfen, uns mehr in unserem Herzen zu zentrieren.

*Visualisierung:*

Während Sie das Gebet "ICH BIN das Licht des Herzens" rezitieren, visualisieren Sie strahlendes Licht, das von Gott herab in Ihr Herzchakra strömt, wo es entsprechend dem Wortlaut des Gebetes freigesetzt wird.

Dann konzentrieren Sie Ihre Aufmerksamkeit auf Ihr Herzchakra in der Brustmitte. Manchmal fällt es leichter, sich darauf zu konzentrieren, wenn Sie Daumen sowie Zeige- und Mittelfinger auf Ihre Brustmitte legen.

Stellen Sie sich nun bildlich die strahlende Mittagssonne vor und projizieren Sie dieses Bild auf Ihre Brustmitte.

Sehen Sie, wie Tausende von Sonnenstrahlen aus Ihrem Herzen strömen und alle Dunkelheit, alle Verzweiflung oder Depression in Ihnen, in Ihren geliebten Mitmenschen und dann auch in allen Menschen dieser Welt, durchdringen und auflösen. Projizieren Sie Ihre Liebe (die in Wirklichkeit Gottes Liebe ist) in die Welt hinaus.

Stellen Sie sich vor, wie diese Liebe als ein starker, intensiv pinkfarbener Laserstrahl aus Ihrem Herzen schießt und alle Hindernisse, die dem Erfolg Ihrer Beziehungen, Ihrer Familie, Ihres spirituellen Wachstums, Ihrer Karriere, Ihrem guten Verhältnis zur Nachbarschaft oder dem Glück Ihrer Nation im Wege stehen, auflöst.

## ICH BIN das Licht des Herzens

*ICH BIN das Licht des Herzens,*
*Das in der Dunkelheit des Wesens scheint,*
*Und alles zum goldenen Schatz*
*Des Geistes Christi wandelt.*

*ICH BIN die Projektion meiner Liebe*
*In die Welt hinaus,*
*Um alle Irrtümer zu überkommen*
*Und alle Schranken zu überwinden.*

*ICH BIN die Kraft der unendlichen Liebe,*
*Die immer stärker wird,*
*Bis sie siegreich ist*
*In der endlosen Welt!*

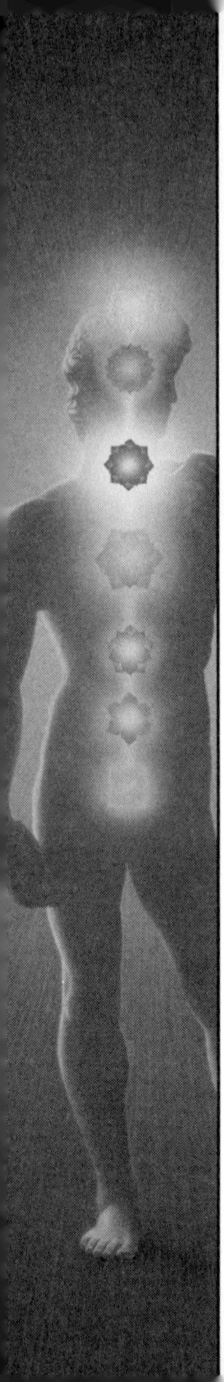

FÜNFTES ENERGIEZENTRUM:

# KEHLCHAKRA

**SITZ:** Kehlkopf

**FARBE:** blau

**NAME IM SANSKRIT:** Vishuddha ("rein" oder "reinigen")

**BLÜTENBLÄTTER:** 16

**AUSDRUCK IM POSITIVEN ZUSTAND:** Kraft, Wille, Glaube, Schutz, Führung, Mut, Gehorsam

**IM UNAUSGEGLICHENEN ZUSTAND:** Kontrolle, Verurteilung, leeres Gerede, Klatsch, menschliche Willkür, Unfähigkeit, Feigheit, Zweifel

**KÖRPERZONEN:** Schilddrüse, Lunge, Atemwege

**MUSIKINSTRUMENT:** Blechblasinstrumente

**EDELSTEINE:** Diamant, Saphir, Sternsaphir, Lapislazuli

**TRADITIONELLE SPIRITUELLE LEHRE:** Judentum

*Indem wir unseren Willen und unsere Kraft unter Kontrolle bringen, setzen wir die erhabenen Energien des Herzens über das gesprochene Wort frei – zu unserer persönlichen Verwandlung und der Verwandlung der Welt.*

# KEHLCHAKRA

LEBENSLEKTION:

Sammeln Sie Ihre inneren Kräfte, um einen konstruktiven Wandel herbeizuführen

*"Ein einziges Wort des Friedens ist mehr wert als tausend nutzlose Worte."*

– DAS DHAMMAPADA

Das Kehlchakra ist unser Kraftzentrum. Auf dieser Ebene besitzen wir die Möglichkeit, über das gesprochene Wort das zu vereinen, was unseren Geist und unsere Herzen bewegt. Die großen Weisen des Ostens und Westens sagen, dass das gesprochene Wort den Schlüssel der Veränderung beinhaltet. In der Schöpfungsgeschichte wird beispielsweise erzählt, dass der Schöpfungsprozess begann, als "Gott sagte:, Es werde Licht.'" Über das Kehlchakra können wir gemeinsam mit Gott zum Schöpfer werden.

Die Weisen des Ostens und Westens sagen auch, dass die Beherrschung des Kehlchakras für unser spirituelles Wachstum von zentraler Bedeutung ist. Diese Beherrschung betrifft nicht nur das, was wir sagen, sondern auch die Art und Weise, wie wir es sagen - und was wir lieber nicht sagen.

*Ich benutze die richtigen Worte.*

Jedes Mal, wenn wir unseren Mund auftun, treffen wir eine Entscheidung: Wir entscheiden, ob wir anderen helfen oder sie verletzen. Jesus erklärte, dass unsere Worte von größter Bedeutung sind, als er sagte: "An euren Worten wird man euch richten, an euren Worten wird man euch verdammen." Dies ist deshalb so, weil unsere Worte aus unserem Kraftzentrum kommen und daher eine unglaubliche Wirkung besitzen. Wenn wir uns an die traumatischsten und bedeutungsvollsten Momente in unserem Leben zurückerinnern, so sind dies oft solche, in welchen irgendjemand etwas Bedeutsames zu uns oder über uns gesagt hatte.

Die richtige Ausdrucksweise ist ein Grundgebot des Buddhismus. Sie ist eine der Schlüsselprinzipien von Gautama Buddhas Acht-Stufen-Pfad, der zur Befreiung führt. Im Grunde bedeutet die richtige "Sprache", dass wir den Energiefluss durch unser Kehlchakra überwachen und die Wirkung beobachten, die dieser auf andere hat. Dies bedeutet, dass wir unsere Fähigkeit zu sprechen als ein Geschenk betrachten, das Gott uns gegeben hat, um unser Mitgefühl, unsere Freundlichkeit und unser Wissen weiterzugeben.

Gautama lehrt, dass ein Mensch, der die richtige Sprache benutzt, nicht durch Klatsch Unstimmigkeit verursacht, sondern mit seinen Worten Harmonie und Einheit schafft. "Was er hier gehört hat, wiederholt er nicht dort, um keinen Unfrieden zu stiften", sagte der Buddha. Stattdessen "erfreut sich diese Person an der Eintracht" und "bringt die zusammen, die unterschiedlicher Meinung sind." Derjenige "hat seine harte Sprache aufgegeben ... Er spricht Worte, die frei von Ruppigkeit sind, Worte, die dem Ohr schmeicheln, die voller Liebe sind, die einem ans Herz gehen, die höflich sind, ... und viele Menschen erheben."[1)]

*»Wahre Macht zeigt sich nicht daran, dass man hart oder oft zuschlägt, sondern dass man die Wahrheit trifft.«*

- BALZAC

Der Theosoph C. W. Leadbeater sagt, dass unsere Worte auf energetischer Ebene, selbst im alltäglichen Sprachgebrauch, viel gewaltiger wirken, als wir glauben. "Manche Menschen glauben, dass es im Alltag nicht erforderlich ist, sich die Mühe zu machen, klar und deutlich zu sprechen", schreibt er. "Dies ist aber viel bedeutsamer, als diese Menschen glauben, weil wir alle unser eigenes Umfeld beständig selbst aufbauen, und dieses wiederum auf uns reagiert."

Er erklärt, dass, wenn beispielsweise jemand Depressionen hat, "der ganze Raum von dieser Stimmung erfüllt wird, und jede sensitive Person, die ihn betritt, wahrnimmt, dass hier eine geringere Vitalität und eine gedrückte Stimmung herrscht." Außerdem "produziert jemand, der sich mit unangenehmen Geräuschformen umgibt, indem er nachlässig und ungebildet daherredet, eine Atmosphäre, in der diese Muster beständig auf ihn zurückwirken."

In der Tat sagt Leadbeater, dass "jedes Wort, das geäußert wird, eine kleine Form in der Ätherwelt bildet, so wie dies ein Gedanke in der mentalen Struktur tut." Er sagt, dass beispielsweise das Wort *Hass* "ein horrendes Gebilde produziert. Seitdem ich dieses gesehen habe, benutze ich dieses Wort nicht mehr. Wir können sagen, dass wir etwas nicht mögen, oder dass diese Sache uns nicht am Herzen liegt. Doch wir sollten niemals das Wort 'Hass' öfter als nötig einsetzen, denn allein die bloße Form zu sehen verbreitet ein Gefühl tiefen Unbehagens ... Es ist mit Sicherheit besser, sich mit schönen Dingen zu umgeben, als mit hässlichen, selbst wenn dies nur auf der ätherischen Ebene sein sollte."[2)]

Leadbeater schrieb dies bereits 1925 und sagte, dass er glaube, dass "all dies eines Tages wissenschaftlich bestätigt werden" würde.[3] Bis dahin, so sagte er, gelte als generelle Daumenregel, dass Worte, die mit erstrebenswerten Qualitäten verbunden sind, angenehme Formen entstehen lassen, und solche, die mit negativen Eigenschaften verbunden sind, hässliche Gebilde produzieren.

Die Lektionen für das Kehlchakra sind eng mit unserem Ego und mit dem Solarplexus verbunden. Wenn wir einen Komplex haben, ist es ganz einfach, unsere verletzten Gefühle auf der Ebene des Solarplexus nach oben steigen zu lassen und zum Kehlchakra zu schicken. Dies läuft so schnell ab, dass wir es gar nicht merken. Daher lautet der Rat der großen Weisen, diese emotionale Reaktion zu umgehen. "Atme tief durch und überlege dir erst die Wirkung deiner Worte, bevor du den Mund auftust", empfehlen sie dringend. "Lass jeden Menschen geschwind im Hören sein, langsam im Sprechen und langsam im Zorn", lautet die Warnung im Buch des Johannes. "Ein guter Mensch ist langsam im Reden, aber schnell im Handeln", sagt Konfuzius.

Zur "richtigen Sprache" gehören aufmunternde, freundliche und respektvolle Worte. Jemand, der sich besonders gut hierauf verstand, war der erste amerikanische Präsident. Im 19. Jahrhundert entdeckte man in

Mount Vernon, seinem Geburtsort, ein Notizbuch von George Washington aus seiner Schulzeit. Offensichtlich hatte der 14-jährige George 1745 in dieses Notizbuch mehr als hundert "Regeln der Zivilisation für die Gesprächsführung zwischen Menschen" verfasst, die er aus einem Buch abgeschrieben hatte, das aus dem Jahr 1664 oder noch früher stammte.

Diese "Regeln der Zivilisation" sind ein herrlicher Leitfaden für die richtige Ausdrucksweise. Im Folgenden seien nur einige wenige von ihnen erwähnt:

"Summe in der Anwesenheit anderer nicht leise vor dich hin, und trommle auch nicht mit deinen Fingern oder Füßen herum. Sprich nicht, wenn andere sprechen. Setze dich nicht hin, wenn andere stehen, und gehe nicht weiter, wenn andere stehen bleiben."

"Schmeichle anderen nicht, und spiele nicht mit jemandem, der nicht möchte, dass man mit ihm spielt."

"Halte deine Unterhaltung mit Geschäftsleuten kurz und verständlich."

"Glaube nicht ungeprüft Gerüchte, die andere Menschen schlecht machen."

"Äußere vor erwachsenen und gebildeten Menschen nicht niedere oder frivole Dinge, und vor den Unwissenden keine schwierigen Fragen oder Themen, und keinesfalls unglaubwürdige Dinge."

"Spotte nicht über das Unglück anderer Menschen, auch wenn es scheinbar gerechtfertigt wäre."

"Denke, bevor du sprichst. Sprich nicht undeutlich oder zu hastig, sondern klar und deutlich. Höre aufmerksam zu und störe nicht die anderen beim Zuhören, wenn jemand spricht."

"Flüstere nicht, wenn du mit anderen zusammen bist."

"Bemühe dich, in deiner Brust diesen kleinen Funken des göttlichen Feuers, den man als 'Bewusstsein' bezeichnet, am Leben zu erhalten."[4)]

- *Bedenke ich, was meine Worte beim anderen auslösen können, bevor ich spreche?*

- *Schaffe ich mit meinen Worten eine Atmosphäre von Harmonie und Gemeinsamkeit?*

## *Ich erkenne die Bedeutung des Schweigens.*

Eine der heikelsten Formen von Ungleichgewicht im Kehlchakra ist leeres Geschwätz. "Tugendhafte Menschen haben etwas zu sagen, doch nicht jeder, der etwas zu sagen hat, ist deshalb gleich tugendhaft", bemerkte Konfuzius.

Gautama lehrte uns, dass jemand, der seine Worte unter Kontrolle hat, "folgende Regel im Kopf hat:

'Wenn man sich trifft, liebe Brüder, gibt es zwei Dinge, auf die man achten sollte: Entweder man spricht über die Wahrheit oder man bewahrt heiliges Schweigen.'"

Leeres Geschwätz oder Streit sind ein Hindernis auf dem Weg zur Selbstbeherrschung, da es uns unsere Energie kostet. Es verzehrt die Vitalität unseres Kraftzentrums. Wenn wir nur dann sprechen, wenn es wirklich nötig ist, bewahren wir unsere Vitalität. Das Tao Te King beschreibt mit klaren Worten den "starken, schweigsamen Typus", der diese Vorschrift verinnerlicht hat: "Der Kluge schweigt. Wer nichts weiß, redet ... lasst euren Mund zu, kontrolliert eure Sinne - und ihr werdet in Fülle leben. Wenn ihr euren Mund auftut und immer geschäftig seid, seid ihr im Leben hoffnungslos verloren."[5)]

Dies bedeutet nicht, dass wir nie etwas sagen sollten. Gautama sagte beispielsweise, dass jemand, der seine Sprache unter Kontrolle hat, "im richtigen Moment redet, sich an den Tatsachen orientiert und auf den Punkt kommt."[6)] Es gibt Zeiten, in welchen man reden, und Zeiten, zu welchen man schweigen sollte. Eine praktische Daumenregel lautet, dass man sich, falls das, was man zu sagen hat, nichts zur Sache beiträgt, fragen sollte, warum man es überhaupt sagen sollte.

Die Quäker orientieren ihre gesamten Gottesdienste an diesem Prinzip. Wenn sie zusammenkommen, um zu beten, setzen sie sich zunächst hin und warten schweigend. Während sie sich und ihre Angelegenheiten Gott übergeben, öffnen sie ihren Geist und ihre Herzen für den göttlichen Geist. Fühlt sich jemand von seinem inneren Geist dazu berufen, etwas zu sagen, so tut er dies, ohne dass er dabei unterbrochen wird. Seine Zuhörer nehmen das Gesagte und den Geist, der dahinter steckt, in Liebe an.

Der amerikanische Quäker Rufus Jones, der 1863 geboren wurde, bezeugte das Wunder dieses Schweigens und der mächtigen Worte, die dabei entstanden. Er schrieb: “Wir nahmen niemals eine Mahlzeit ein, ohne vorher stumme Dankgebete zu sprechen. Wir begannen niemals einen Tag ohne ‘Familientreffen’, bei welchen die Mutter ein Kapitel aus der Bibel vorlas, woraufhin tiefes Schweigen folgte.”

*»Ich habe meine Worte oft bedauert, mein Schweigen jedoch nie.«*

- ANONYM

Dieses Schweigen, so schrieb Jones, lieferte einen wichtigen Beitrag zu seiner spirituellen Entwicklung. “Im und ums Haus herum wartete viel Arbeit auf uns. Dennoch saßen wir still und stumm da und taten nichts. Ich erkannte sehr schnell, dass sich da etwas Wahrhaftiges abspielte. Wir spürten ganz tief dort hinein, woher das lebendige Wort kommt, und sehr oft kam es.

Es verneigte sich dann jemand und redete mit Gott mit solch einfachen und ruhigen Worten, dass Er nie weit weg schien.

Die Worte halfen uns dabei, dieses Schweigen zu erklären. Nun hatten wir das gefunden, wonach wir gesucht hatten. Als ich zum ersten Mal über Gott nachdachte, war Er nicht jemand in großer Ferne."

Wie mächtig und authentisch unsere Worte sein können, nachdem sie in die Stille unseres Geistes eingetaucht waren! Anne Morrow Lindbergh sagte einmal: "Ein Ton in der Musik erhält seine Bedeutung durch die Stille auf beiden Seiten."

- *Bleibe ich selbst still, wenn ich gerade nichts Wertvolles zu sagen habe?*

- *Nehme ich mir die Zeit, mit meiner inneren Stimme in Kontakt zu treten, bevor ich spreche?*

*Ich sage die Wahrheit und stehe für sie ein.*

Gautama Buddha lehrte, dass jemand, der die richtigen Worte wählt, "die Wahrheit spricht, sich der Wahrheit hingibt, bei der Wahrheit bleibt, und damit vertrauenswürdig ist."[7] Die Wahrheit zu sagen bedeutet auch, die Fakten unverzerrt darzulegen. Es bedeutet, ohne Übertreibungen zu sprechen und keine voreiligen Schlüsse zu ziehen. Es bedeutet, die eigene Passivität zu überwinden und für das einzustehen, von dem wir wissen, dass es richtig ist, egal, was die anderen denken. "Du brauchst dich nicht dafür zu entschuldigen, wenn du Fragen hast", sagte der Historiker Jacob Neusner einmal. "Doch wenn du glaubst, die Antwort gefunden zu haben, hast du nicht mehr das Recht zu schweigen."

Apropos "übertreiben" - mein Vater hatte diese Angewohnheit, wenn er uns Geschichten erzählte - und er liebte es, Geschichten zu erzählen. Folglich entwickelte ich als Kind ebenfalls diese Angewohnheit. Später sprachen mich meine spirituellen Lehrer darauf an. Sie lehrten mich, dass Übertreibungen fast das Gleiche sind wie Lügen, denn es handelt sich dabei um eine falsche Darstellung der Fakten. Außerdem erklärten sie mir auch, dass es wichtig ist, niemals etwas zu versprechen, wenn es sich in irgendeiner Weise schon vorher absehen lässt, dass man sein Versprechen nicht halten kann. Dies scheinen unbedeutende Details zu sein, doch wenn man sie beherzigt, kann man im täglichen Umgang miteinander auf diese Weise Berge versetzen.

Es empfiehlt sich als recht interessante Übung, sich einmal zu notieren, wie oft man während des Tages von der Wahrheit abweicht - wenn auch nur um einen

Millimeter. Noch interessanter ist es herauszufinden, warum dies so ist. Handelt sich hierbei einfach nur um ein Verhaltensmuster? Oder erwächst unser Verhalten aus einem Gefühl der Unsicherheit und Angst oder den Bedenken, was die Leute wohl über uns denken mögen?

Konfuzius sagte einmal, dass wir, indem wir selbst aufrichtig sind und diejenigen, die aufrichtig sind, unterstützen, ein ganzes Volk aufrichten können. “Fördert die Ehrlichen, erhebt sie über die Betrüger”, sagte er, “und ihr bewirkt damit, dass die Betrüger auf die gerade Bahn kommen ... Ist ein Anführer vertrauenswürdig, so werden es seine Anhänger nicht wagen, unehrlich zu sein ... Man sagt, dass, wenn gute Menschen für ein Land 100 Jahre lang positiv wirken, alle Gewalt überwunden und das Töten gestoppt werden kann. Und diese Aussage ist in der Tat die Wahrheit.”[8)]

Kinder ahmen diejenigen nach, die sie bewundern - und Erwachsene tun dies ebenso. Jeder von uns ist für einen anderen ein Vorbild. Wir spiegeln über unsere Sprachgewohnheiten den Menschen in unserem Umfeld die innere Arbeit unseres Herzens und unserer Seele wider - durch das, was wir nicht sagen, durch das, was wir sagen und wie wir es sagen.

*Sage ich immer die Wahrheit, oder übertreibe ich manchmal?*

- *Stelle ich, bevor mir Fakten vorliegen, Vermutungen an und propagiere diese bereits?*

- *Kann ich mich darauf verlassen, dass ich auch immer dann den Mund aufmache, wenn es erforderlich ist?*

*Ich praktiziere die Kraft des gesprochenen Wortes zur Transformation.*

So, wie es eine Zeit des Redens und eine Zeit des Schweigens gibt, gibt es auch eine Zeit des Meditierens und eine Zeit, in der wir die Früchte unserer Meditationen ernten und sie über die weise Kunst des gesprochenen Wortes weitergeben. Die kreative Kraft des Klanges steht im Mittelpunkt der spirituellen Welttraditionen des Ostens und des Westens, sei es in Gestalt des jüdischen "Shema und Amidah", des christlichen "Vaterunser", des moslemischen "Shahadah", des hinduistischen "Gayatri" oder des buddhistischen "Om Mani Padme Hum".

Die hinduistischen Yogis benutzen Mantras, um sich zu schützen, Weisheit zu erlangen, ihre Konzentrationsfähigkeit zu fördern und Meditationen zu vertiefen sowie um Erleuchtung und Einheit mit Gott zu erlangen. In der mystischen Tradition der Juden lehrten die Kabbalisten, dass wir uns, indem wir die Namen

Gottes anrufen und über sie meditieren, an die unendliche Quelle der Kraft anschließen können, um Frieden und Harmonie in dieser Welt zu erwirken. In der katholischen Tradition wird der Rosenkranz gebetet, und man rezitiert auch andere Gebete, um göttliches Eingreifen herbeizurufen.

Sowohl Wissenschaftler als auch Wissende erklären uns, dass das gesprochene Wort buchstäblich Veränderung und Transformation bewirken kann. Dr. Herbert Benson beispielsweise, der Vorsitzende und Begründer des Mind/Body Medical Institute an der Harvard Medical School (Medizinisches Institut für Psychosomatik am Ärztekolleg von Harvard) hat herausgefunden, dass Menschen, die Mantras des Sanskrit nur 10 Minuten pro Tag wiederholten, bereits körperliche Veränderungen erfuhren - einen verlangsamten Herzschlag, Stressreduzierung und einen herabgesetzten Stoffwechsel.

Folgestudien bewiesen, dass die Wiederholung von Mantras zu einer Stärkung des Immunsystems und einer Verminderung von Schlafstörungen führen kann, sodass bei diesen Personen Arztbesuche seltener nötig waren und ihr Selbstbewusstsein stieg. Als Benson und seine Kollegen andere Gebete untersuchten, einschließlich des "Christus, erbarme dich", fanden sie heraus, dass dies den gleichen positiven Effekt hatte. Kurz gesagt, die Wiederholung von Gebeten verhilft also zu mehr Energie.

Im Zusammenhang mit unseren Chakra-Initiationen bedeutet dies, dass Gebete und Affirmationen unser persönliches Wachstum ebenfalls rapide beschleunigen können, da sie uns helfen können, die falschen Mentalprogramme, die möglicherweise irgendwo in unserem Unterbewusstsein verankert sind, zu löschen. Unser Unterbewusstsein funktioniert nämlich wie ein Aufnahmegerät. Es speichert alle Eindrücke, die wir während unseres jetzigen Lebens und in unseren vergangenen Leben in uns aufgenommen haben - die guten und die schlechten. Dies umfasst also leider - zu unserem Nachteil - auch all das Negative, das wir über uns selbst hören und denken.

Jedes Mal, wenn wir etwas Negatives über uns selbst denken, jedes Mal, wenn jemand uns kritisiert oder einschüchtert, speichert unser Unterbewusstsein dieses Ereignis. Manchmal erkennen wir gar nicht, wie sehr wir durch die Gedanken oder Worte anderer beeinflusst werden, beispielsweise über die Eltern, Verwandte oder Autoritätspersonen. Diese negativen Dinge sind wie eine Sprengstoffladung, die unseren Erfolg unterminieren kann. Allzu oft begrenzen wir uns durch das, was wir über uns selbst denken - im Berufsleben, in Bezug auf unser Einkommen, unser Bildungsniveau oder unsere Ziele im Leben.

Das Unterbewusstsein speichert nicht nur negative Eindrücke, sondern spielt auch, vergleichbar mit einem

Kassettenrecorder mit automatischem Replay, die Aufnahmen der Vergangenheit wieder ab. Aus diesem Grund haben sich positive Affirmationen als so hilfreich erwiesen. Wenn sie richtig eingesetzt werden, können sie uns dabei unterstützen, unser Unterbewusstsein wieder auf den richtigen Kurs zu bringen, indem wir immer wieder die natürliche Schönheit und das positive Potenzial unserer Seele betonen.

Ich persönlich erziele immer die besten Ergebnisse, wenn ich das Unterbewusstsein von negativen Dingen reinige, indem ich Mantras und Affirmationen mit der Violetten Flamme benutze. Sie können Ihr höheres Bewusstsein bitten, die Violette Flamme auf die speziellen Gedanken, Handlungen und Worte zu richten, die diese negativen Aufnahmen in Ihrem Unterbewusstsein bewirkt haben. Visualisieren Sie, wie die Violette Flamme diese Aufzeichnungen der Reihe nach förmlich löscht.

*»Seid sorgfältig im Umgang mit euren Worten, denn sie haben mehr Kraft als eine Atombombe.«*

- PEARL STRACHAN HURD

Stephen Covey erzählt in seinem Bestseller "Seven Habits of Highly Effective People" ("Sieben gute Angewohnheiten für hoch effektive Menschen"), dass Affirmationen und Visualisierungen ausnehmend hilfreich sein können. Er weist uns darauf hin, dass "bei erfolgreichen Führungspersönlichkeiten Visualisierungs- und Affirmationstechniken auf ganz natürliche Weise aus einem Quell gut durchdachter Ziele und Prinzipien wie von selbst sprudeln, die das Zentrum des Lebens dieser Menschen bilden." Er sagt, dass diese Techniken "in Bezug auf Neueinspeicherungen und Umprogrammierungen ausgesprochen wirksam" sind, wenn wir unser Leben mit den Zielen und Prinzipien, die uns am wichtigsten erscheinen, in Einklang zu bringen versuchen.[9)]

Affirmationen sind eine hochwirksame Form des gesprochenen Wortes, besonders wenn sie die Worte "ICH BIN" enthalten. ICH BIN-Affirmationen enthalten den Namen für Gott, "ICH BIN", um Zugang zu spirituellen Kräften zu erlangen. "ICH BIN" stammt von "ICH BIN, DER ICH BIN", dem Namen Gottes, der Moses enthüllt wurde, als er sagte: "Dies ist mein Name ewiglich, dabei soll man mein gedenken für und für."[10)] In der Bibel von Jerusalem wird diese Passage folgendermaßen übersetzt: "Dies ist mein Name allezeit. Mit diesem Namen sollt ihr mich zu allen Zeiten in allen Generationen rufen."

Was bedeutet "ICH BIN, DER ICH BIN"? Für mich bedeutet dies schlicht, jedoch unumstößlich: "wie oben, so unten". Gott betont: "Ich bin hier unten, was im Himmel ICH BIN." Wenn Sie sagen: "ICH

BIN, DER ICH BIN", bestätigen Sie, dass Gott dort ist, wo Sie auch sind. In der Tat drücken Sie damit aus: "Wie Gott im Himmel ist, so ist Gott auf Erden in mir. Genau da, wo ich bin, ist auch Gott. Ich bin der 'ICH BIN'."

Bei einer ICH BIN-Affirmation rufen wir die inneren Kräfte unseres Kehlchakras sowie die göttliche Kraft in uns an, und bitten sie, konstruktive Veränderungen herbeizuführen. Sie können Ihre eigenen kurzen, kraftvollen ICH BIN-Affirmationen, die auf Ihre persönlichen Bedürfnisse zurechtgeschnitten sind, entwickeln, wie etwa "ICH BIN Vergebung, die hier agiert", "ICH BIN das Licht des Herzens" oder "ICH BIN die Kraft des Friedens". ICH BIN-Affirmationen spricht man generell mit nachdrücklicher Bestimmtheit und Kraft.

Jedes Mal, wenn wir sagen: "ICH BIN ______", sagen wir in Wirklichkeit: "Gott in mir ist ________ ___________". Was auch immer wir an die Worte "ICH BIN" anfügen, wird in unserer Welt Wirklichkeit werden - ob wir sagen: "ich bin krank", "ich bin müde", "ich bin glücklich - heute ist ein großartiger Tag" oder "ich bin gesund". Denn unser körperliches Befinden wird durch das beeinflusst, was wir denken und sagen. Das Licht Gottes, das durch uns fließt, wird unserer Führung gehorchen. Einfach ausgedrückt - *das gesprochene Wort lenkt die Energie. Die Kreationen unseres kraftvollen Kehlchakras sind Prophezeiungen, die in Erfüllung gehen.*

Wenn Sie zu der Erkenntnis kommen, dass die unermessliche Energie Gottes jeden Augenblick durch Sie hindurch strömt, entsteht in Ihnen ein Gefühl von hingebungsvoller Ehrfurcht. Sie sagen dann zu sich selbst: "Hier fließt die Energie Gottes. Was werde ich heute mit ihr anfangen? Werde ich Gottes Energie benutzen, um die negativen Seiten im Leben zu stärken? Oder werde ich sie dazu nutzen, um etwas Schönes, Wahrhaftiges zu fördern, etwas, was für meine spirituelle Entwicklung von Bedeutung ist und dem Wohle anderer dient?"

- *Welche Umstände habe ich in meinem Leben erst dadurch geschaffen, dass ich mir selbst Negatives oder Positives über mich eingeredet habe?*

- *Welche negativen Glaubenssätze habe ich über mich selbst, die meinen Erfolg im Leben unterminieren?*

- *Wie kann ich die Kraft des gesprochenen Wortes über Gebete, Affirmationen oder Mantras in mein Leben integrieren, um all das Negative zu verwandeln?*

# SPIRITUELLE TECHNIKEN

## *Affirmationen zum Kehlchakra*

*Siehe, oh Gott,*
*ICH BIN gekommen,*
*um deinen Willen auszuführen!*

---

*ICH BIN das Leben der göttlichen Führung,*
*Entflamme in mir dein Licht der Wahrheit.*
*Richte hierhin alle Gottes-Perfektion.*
*Und befreie mich von aller Zwietracht.*

*Jetzt und auf ewig verankere mich*
*In der Gerechtigkeit deines Planes.*
*ICH BIN die Gegenwart von Perfektion,*
*und lebe das Leben Gottes im Menschen.*

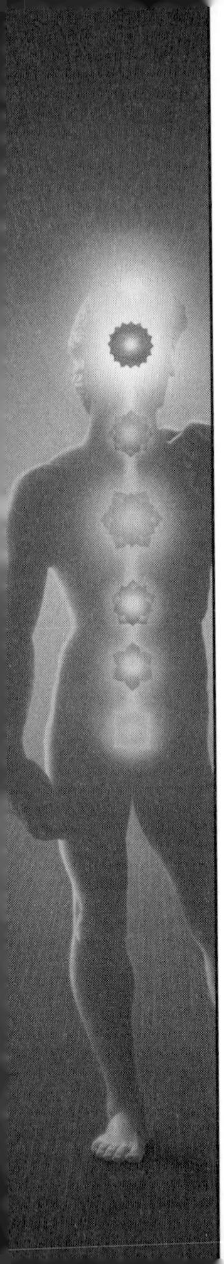

SECHSTES ENERGIEZENTRUM:

# DRITTES-AUGE-CHAKRA

**SITZ:** zwischen den Augenbrauen

**FARBE:** smaragdgrün

**NAME IM SANSKRIT:** Ajna ("befehlen")

**BLÜTENBLÄTTER:** 96 (oder 2)

**AUSDRUCK IM POSITIVEN ZUSTAND:** Wahrheit, Vision, von sich selbst und seinen Mitmenschen die höchste Vision haben, Heilung, Ganzheit, Fülle, Klarheit, Beständigkeit, Zielgerichtetheit, Musik, Wissenschaften

**IM UNAUSGEGLICHENEN ZUSTAND:** Falschheit, fehlende Visionen, geistige Kritik, mangelnde Klarheit, Unbeständigkeit, spirituelle Armut

**KÖRPERZONEN:** Epiphyse (oder Zirbeldrüse), Teile des Gehirns

**MUSIKINSTRUMENT:** Klavier

**EDELSTEINE:** Smaragd, Diamant, Jade, Bergkristall

**TRADITIONELLE SPIRITUELLE LEHRE:** Lehre des Konfuzius

*Indem wir unser inneres Auge auf den göttlichen Plan richten, erlangen wir Klarheit und kreative Einsicht.*

# DRITTES-AUGE-CHAKRA

LEBENSLEKTION:

Erhalte die Vision der Ganzheit für alles.

*"Das Licht des Körpers ist das Auge. Hast du nur ein einziges Auge, so ist dein ganzer Körper von Licht erfüllt."*

– JESUS

Über das sechste Energiezentrum, das Dritte Auge, können wir Zugang zur Kraft unserer inneren Vision erlangen, um die Realität einer Situation zu erfassen. Außerdem verbindet uns das Dritte Auge, ebenso wie das Kronenchakra, mit den herrlichen Sphären des höheren Geistes und seinen Einsichten, seinem Genie und seiner Originalität, die immer wieder in uns aufflackern.

Eine Einsicht ist ein *Ein-Blick*, ein Blick hinein ins Innere. Das Wort *Einsicht* bedeutet das Vermögen, in eine Situation, in sich selbst oder in die innere Natur der Dinge hineinzublicken. Es bedeutet Unterscheidungsvermögen und die Fähigkeit, die Dinge zu durchdringen. Das Dritte Auge wird auch mit "Intuition" assoziiert. Dieses Wort stammt aus dem Lateinischen und bedeutet "hineinblicken, betrachten". Unsere Einblicke und Intuition sind innere Enthüllungen dessen, was sich uns über das Dritte Auge erschließt, wenn wir mit unserem Höheren Selbst im Einklang sind.

*»Du musst auf diese zarte Stimme in deinem Inneren hören, die dir genau sagt, was du zu sagen hast, und wie du dich entscheiden sollst. Deine Intuition ist dein Handwerkszeug.«*

- INGMAR BERGMAN

Diese Enthüllungen können Vorahnungen, Eingebungen oder sogar Visionen sein. Wenn Gott möchte, dass ich etwas Bestimmtes tue oder erkenne, passiert es mir oft, dass ich ein Bild vor meinem geistigen Auge sehe. Ich erhalte förmlich eine "Vision" - ein Bild dessen, was ich tun muss.

Wenn wir Zugang zu der reinen Kraft unseres Dritten Auges erlangen, erhalten wir eine ungetrübte Wahrnehmung und eine klare Perspektive im Leben. Über das Dritte Auge haben wir die höchste Blaupause und das beste Ergebnis jeder Situation vor Augen. Wir bringen uns in Einklang mit dem Zustand, der herrschen sollte (das göttliche Muster), statt in unserem bisherigen Sein zu verharren, und wir besitzen die Fähigkeit zu wissen, was die Wahrheit sowie die innere Wirklichkeit einer Situation ist.

Das Dritte Auge ist eng mit dem Sitz der Seele verbunden. In Bezug auf die Energien der Seele, die auf die Ebene des Dritten Auges gehoben werden, sagt der Adept Djiwal Kul: "Während der Mensch im Äußeren das Leben für bare Münze nimmt, bemisst die Seele von der Warte der inneren Realität aus, das Fließen von Energie, Karma und Lebenszyklen ... Das Bild und die Ähnlichkeit zu Gott ... nach dem Mann und Frau erschaffen worden sind, befindet sich bei jedem von uns im Dritten Auge als das Potenzial, das jede lebendige Seele zu erfüllen bestimmt ist."[1]

Daher, so sagt er, besteht unsere Herausforderung in Bezug auf das Dritte Auge darin, dieses Energiezentrum zu reinigen, sodass wir das perfekte Muster unseres Wesens in der äußeren Form verankern und unsere volle Konzentration auf die oberen Bereiche unseres Höchsten Selbst richten können.

*Ich würdige die kreativen Fähigkeiten und die Einsichten, die sich mir und anderen erschließen.*

Unsere kreativen Einsichten zu würdigen ist eine Möglichkeit, um die Energien des Dritten Auges zu meistern. Dies erfordert, dass wir unser analytisches Denken und Urteilen ablegen, um Raum für das Aufblitzen der genialen Eingebungen zu schaffen, die uns zuteil werden.

Eine genaue Analyse und Bewertung ist eine wichtige und notwendige Fähigkeit. Neigen wir jedoch dazu, alles in übertriebener Weise zu analysieren, können wir das kreative Feuer auch ersticken. Deshalb motivieren uns auch Seminare zum Thema kreatives Schreiben dazu, unser Werk nicht auszufiltern, bevor es einmal zu Papier gebracht wurde. Man rät uns dort, uns einfach hinzusetzen und frei weg zu schreiben. Kritisieren wir nämlich unsere eigenen Worte schon, bevor wir sie überhaupt ausgesprochen haben, so kann es passieren, dass wir sie niemals aus dem Gefängnis unseres geistigen Richterspruches entlassen.

Wir tragen uns selbst und anderen gegenüber die Verantwortung, unsere beiden Gehirnhälften zu Wort kommen zu lassen - die kreative und die logische Seite. Wir haben wahrscheinlich alle schon Zeiten erlebt, in welchen wir von einer neuen Idee so fasziniert waren, dass wir es gar nicht abwarten konnten, sie einem Freund oder Partner oder den Eltern zu erzählen. Doch anstatt uns einfach zuzuhören und uns zu motivieren, begannen sie, diese Idee zu analysieren und uns darauf hinzuweisen, warum diese funktionieren würde oder auch nicht: "Hast du dieses schon bedacht oder jenes schon berücksichtigt ...?"

Derartige Fragen sind ein wertvoller Bestandteil des nächsten Schrittes. Sie sind jedoch in dem Augenblick, wo die kreativen Säfte fließen, nicht immer hilfreich oder angebracht. Erinnern Sie sich noch daran, wie Sie in jener Situation dann leise davongeschlichen sind, als hätte jemand einen Eimer eiskalten Wassers über Ihr Feuer gekippt? Eine solche Situation ist gefährlich. Wenn wir die Angelegenheit zu persönlich nehmen, können derartige Situationen auf lange Sicht dazu führen, dass wir uns selbst nicht mehr wohl fühlen und die Momente, in welchen wir Eingebungen der Vorstellungskraft und Ursprünglichkeit erhalten, nicht mehr annehmen können.

Eine weitere Falle, auf die wir achten sollten, sind die unerbittlichen Vorurteile unseres menschlichen Intellekts. Unser gewöhnlicher Verstand wird versuchen, uns davon zu überzeugen, dass die ungewöhnliche Idee, die uns soeben in den Kopf gestiegen ist, nicht durchführbar ist - oder dass sie schlicht und ergreifend einfach dumm ist. Lassen Sie es nicht zu, dass Sie selbst oder jemand anderes Ihre Inspirationen und Einsichten als "Spinnerei" abtut. Schreiben Sie stattdessen all diese Ideen auf, sobald sie Ihnen in den Sinn kommen. Verwerfen Sie sie nicht.

“Die immense Kraft der Imagination ist eine Gabe Gottes”, sagte Abraham Isaac Kook, ein Kabbalist des 20. Jahrhunderts. “Zusammen mit geistiger Größe, der Kraft der Schlussfolgerung, ethischer Tiefe und einem natürlichen Sinn für das Göttliche wird die Imagination zum Werkzeug für den Heiligen Geist.”[2)]

Napoleon Hill betont in seinem Werk “Think and Grow Rich” (“Denke nach und werde reich”) die Bedeutung der “kreativen Imagination”, mit deren Hilfe wir unsere Ziele erreichen können. Er weist darauf hin, dass nur ganz wenige Menschen ihre Fähigkeit zur kreativen Imagination bewusst nutzen. “Wer diese Fähigkeit bereitwillig nutzt und ihre Funktionsweise verstanden hat, wird zum Genie”, sagt er. “Die Fähigkeit, kreative Imagination einzusetzen, ist der direkte Draht zwischen dem endlichen Geist des Menschen und der unendlichen Intelligenz Gottes. All die so genannten Offenbarungen, von welchen in den verschiedenen Religionen berichtet wird, sowie alle Entdeckungen von Grundprinzipien oder neuen Prinzipien im Bereich der Erfindungen vollziehen sich über die Fähigkeit zur kreativen Imagination.”

Hill erklärt weiter, dass “einer der erfolgreichsten und bekanntesten Unternehmer Amerikas die Angewohnheit besaß, seine Augen zwei oder drei Minuten lang zu schließen, bevor er eine Entscheidung traf. Als er gefragt wurde, warum er dies tat, antwortete er: "Mit geschlossenen Augen kann ich mich an eine Quelle höherer Intelligenz anschließen."[3)]

Einige der genialsten Erfindungen stammen aus der kreativen Imagination und Inspiration unseres Dritten Auges. Der Klettverschluss beispielsweise wurde in den 40er Jahren des 20. Jahrhunderts entwickelt, als der Schweizer Erfinder George de Mestral seinen Hund ausführte und nach dem Spaziergang feststellte, dass seine Hosen und das Mäntelchen seines Hundes mit Kletten übersät waren. Seine Neugierde (oder war es seine höhere Inspiration?) veranlassten ihn dazu, die Kletten unter einem Mikroskop zu betrachten. Er entdeckte, dass sie von Natur aus hakenartig geformt waren. Dies war die Basis der Erfindung des Klettverschlusses.

Stellen Sie sich vor, was daraus geworden wäre, wenn Georges Ehefrau ihm gesagt hätte, er solle doch augenblicklich seine Hosen sauber machen und aufhören, über diese neue verrückte Spinnerei zu fantasieren. Er hätte vielleicht niemals den Mut gehabt, seiner Eingebung zu folgen.

*Würdige ich neue Ideen, seien es meine eigenen oder die meiner Mitmenschen, oder unterbinde ich manchmal den kreativen Prozess, indem ich meinen analytischen Verstand einschalte?*

*Ist es anderen gelungen, mit ihren Kommentaren im Lauf der Jahre mein kreatives Genie zu ersticken? Falls dem so ist - welche Schritte kann ich unternehmen, um den Raum und die Zeit in meinem Leben zu schaffen, damit solche inspirierenden Visionen aufkommen können?*

*Ich erkenne, dass ich zu dem werde, worauf ich meine Aufmerksamkeit richte.*

Als Jesus sagte, "Wenn du nur ein Auge hast, wird dein ganzer Leib von Licht erfüllt sein", sprach er davon, einzig und allein mit dem Dritten Auge zu sehen. Er sprach die Wahrheit, nämlich dass dort, wo unsere Aufmerksamkeit ruht, das Licht bzw. die Energie unseres Wesens sein wird. Wenn wir nur ein einziges Auge haben - d. h. wenn es auf Gott, auf das Gute, auf das höchste Potenzial, ausgerichtet ist - öffnen wir einen riesigen Lichtkanal zwischen unserer Welt und der göttlichen Welt.

Angesichts all der Kleinigkeiten, die wir tagtäglich in unserem Alltag erleben, stellt sich die Frage: Wie oft denken wir daran, unsere Aufmerksamkeit auf Gott, auf das Gute, auf das höchste Potenzial zu richten? Wenn wir auch nur ganz kurze Zeit während unserer täglichen Routine unser Drittes Auge auf das innere Licht richten, auf Gott, auf unsere höchsten Ziele, kann dies bereits gewaltige Wirkung zeigen. Denn worauf auch immer wir unsere Aufmerksamkeit richten, das energetisieren wir. Sogar mehr noch - alles, worauf wir unsere Aufmerksamkeit richten, zu dem werden wir. Gautama Buddha fasste es mit folgenden Worten sehr trefflich zusammen: "Wir sind, was wir denken, denn wir sind zu dem geworden, was wir gedacht haben."

Dr. Charles Garfield hat bewiesen, dass Spitzensportler, wie etwa außergewöhnliche Athleten, allesamt die Kraft der Visualisierung nutzen. Sie visualisieren nämlich, wie sie selbst ihre Ziele erreichen. Sie benutzen die Kraft des Dritten Auges, ihres inneren Auges, um ihre Aufmerksamkeit zu konzentrieren. Und worauf sie ihre Aufmerksamkeit richten, zu dem werden sie. Das können wir auch.

*»Um perfekt zu werden, müssen wir perfekt sehen.«*

- DJIWAL KUL

Dr. Wayne Dyer beispielsweise sagt, dass wir das, was wir wirklich, wirklich, wirklich, wirklich wollen, auch erreichen werden. Und dass wir das, was wir wirklich, wirklich, wirklich, wirklich *nicht* wollen, ebenfalls erreichen werden - denn alles, worauf wir unsere Energie lenken, wird entstehen. Denken wir nur an die Worte von Hiob: "Was ich am meisten befürchtet hatte, ist mir geschehen, und wovor ich am meisten Angst hatte, hat mich ergriffen."

"Aufmerksamkeit ist der Schlüssel", sagt Saint Germain. "Wohin der Mensch seine Aufmerksamkeit richtet, dorthin geht seine Energie." Und unsere Kreation wird der Richtung folgen, in die unsere Energie fließt. Die logische Schlussfolgerung daraus lautet, dass überall dort, wo unsere Aufmerksamkeit *nicht* ist, unsere Energie abgezogen wird, und *Dis*-Integration, d. h. Auflösung, die Folge sein wird.

In einer Szene der Sonderverfilmung "Merlin" ist dies wunderbar dargestellt worden. In dieser Version von Merlins Geschichte ist Queen Mab die Architektin des Bösen. Ihr einziges Ziel ist es, König Arthur und Merlin zu kontrollieren. Sie bewirkt die Geburt von Mordred und erzieht ihn von klein auf zum Feind Arthurs. Doch als Mordred und Arthur am Ende Hand in Hand sterben, ist ihr Plan zunichte.

In einer der Schlussszenen kommt es zur Machtprobe zwischen Queen Mab und Merlin. Merlin versucht, gegen Queen Mabs magische Kräfte zu halten, doch es ist nicht leicht. Als sie ihn immer weiter verhöhnt, verkündet Merlin schließlich, dass Mab absolut keine Gewalt über ihn oder die Ritter der Tafelrunde hat, weil sie sie schlichtweg "vergessen" würden.

Er kehrt Mab mit seinen Rittern den Rücken und schlägt eine andere Richtung ein. Sie schreit laut und fordert, dass Merlin sie anblicken solle, doch weder Merlin noch die Ritter beachten ihre Bitte. Allein und ohne jeglichen Feind - ohne jemanden, der sie unterstützen oder fürchten könnte - löst sie sich langsam in nichts auf. Sie kann nur existieren, wenn jemand an ihre Existenz glaubt.

Diese Überlegungen haben große Auswirkungen auf unser Leben und die Entwicklung unserer Chakren. Wenn wir in Bezug auf irgendeine Fähigkeit oder Tugend die Meisterschaft erringen möchten, müssen wir uns darauf konzentrieren *und* gleichzeitig unsere Aufmerksamkeit, unsere Vision, von dem abziehen, was nicht zu unserem Erfolg beiträgt.

Da unsere Vision und unsere Gedanken die Kraft besitzen, Dinge zu kreieren, habe ich schwangere Frauen stets dazu angehalten, auf klassische Musik und schöne Kunstwerke zu meditieren, um Muster der Schönheit und Perfektion auf die Seele des ungeborenen Kindes zu übertragen. Werdende Mütter und Väter können sich selbst ein Meditationsheft mit Bildern von Blumen, schönen Szenen aus der Natur, Engeln und Maria mit ihrem Kind anlegen. Werdende Mütter können mit ihren Fingern über die Konturen der Statue von Michelangelos David streichen, um die archetypische Form der Perfektion auf ihren Fötus zu übertragen.

Es empfiehlt sich weiterhin, die Kraft unserer inneren Vision in unserer spirituellen Praxis aktiv einzusetzen. Sie werden immer dann, wenn Sie meditieren oder beten, bessere Ergebnisse erzielen, wenn Sie sich das Ergebnis dessen, wofür Sie beten, vor Ihrem geistigen Auge vorstellen. Sehen Sie förmlich vor sich, wie die Dinge geschehen. Stellen Sie sich die Details Ihrer Ziele vor, als ob Sie die Ziellinie bereits erreicht hätten - eine neue Arbeitsstelle oder ein neues Haus, eine liebevolle Beziehung, die Heilung eines geliebten Menschen.

*Kann ich mich an Zeiten erinnern, als ich meine Aufmerksamkeit auf etwas Positives (oder nicht so Positives) gerichtet und es damit in mein Leben gezogen hatte?*

*Gibt es gegenwärtig etwas in meinem Leben, worauf ich mich mehr konzentrieren sollte? Gibt es etwas, von dem ich meine Energien weglenken sollte, weil es ein kreatives Vorhaben stört?*

*Ich bemühe mich darum, festgefahrene Gedankenmuster zu erkennen und zu überwinden und mit den Augen Gottes zu sehen.*

Wenn wir nur mit einem einzigen Auge sehen, wenn wir unsere ganze Aufmerksamkeit auf Gott richten, dann ermöglichen wir es, dass unser Auge zu Gottes Auge wird. Wir sehen, was Gott sieht. Wir sehen, *wie* Gott sieht.

Was uns oft davon abhält zu sehen, wie Gott sieht, sind unsere festgefahrenen Gedankenmuster, unsere Klischees. Ein Gedankenmuster ist eine starres Muster von Gedanken. Ein Zen-Adept sagte einst: "Hört auf zu reden, hört auf zu denken, und es wird nichts mehr geben, was ihr nicht versteht ... Es besteht keine Notwendigkeit, die Wahrheit zu suchen: Hört einfach auf, eigene Ansichten zu haben." Die eigenen Ansichten, von welchen er spricht, sind unsere Gedankenmuster. Je starrer diese Glaubensüberzeugungen sind, desto weniger Möglichkeiten bestehen für Gott, oder jeden anderen, uns an eine neue Sichtweise, eine neue Einsicht, heranzuführen.

Haben Sie schon einmal erlebt, wie schwierig es ist, kreativ und inspiriert zu bleiben, wenn man von Menschen umgeben ist, die unflexibel sind? Jemand, der eine starke mentale Vorstellung von einer Sache hat, ist mit einem Stacheldrahtzaun vergleichbar. Daher warnen uns

Meister der Alchemie, wie Saint Germain, davor, alle unsere Vorhaben anderen Menschen mitzuteilen, auch nicht unseren besten Freunden.[4)] Die Gedankenmuster oder starren Vorstellungen dieser Menschen können unsere kreativen Bemühungen zerstören und uns davon abbringen, uns an unseren höheren Geist anzuschließen. Der sträfliche Missbrauch der Energien des Dritten Auges in Form von Beschädigung oder Vernichtung der Pläne anderer Menschen wird manchmal als "böser Blick" bezeichnet.

Mark Prophet sprach einmal in einem Vortrag mit dem Titel "Schulen Sie Ihre Kraft der Vision" über die Gefahren von starren Glaubensüberzeugungen und Klischees. Mark sagte: "Was sind Klischees? Nun, wenn jemand eine Person mustert und sagt: 'Sie sieht aus wie Tante Mamie. Meine Tante Mamie denkt so und so. Daher denkt diese Person bestimmt auch genauso.'

Einer der Irrtümer, welchem wir meist erliegen, besteht darin, dass wir Menschen sehen und uns dann gleich ein Urteil über sie bilden. Wenn wir über eine andere Person ein Vorurteil fassen, neigen wir dazu, sie förmlich mit einem eisernen Kimono zu umgeben. Dann passiert es als erstes, dass unsere starren Vorstellungen über sie zu deren Erfahrungen werden, und diese sich wundern, warum sie sich plötzlich so verhalten."

Mark erzählte daraufhin die Geschichte von einem gewissen Mr. Wright, der einmal sein Arbeitgeber war. Dieser distinguierte Herr besaß eine Art und Weise, bestimmte Klischees (d. h. bestimmte Vorurteile) auf seine Angestellten zu projizieren: "Der taugt etwas. Der taugt nichts." Er hatte sie "in eine bestimmte Schublade gesteckt". Immer, wenn Mr. Wright nur in Marks Nähe kam, entwickelte dieser schreckliche Minderwertigkeitsgefühle. Er begann dann zu stottern, was ihm sonst nie passierte.

Wie Mark sagte, neigen die Menschen dazu, andere in eine bestimmte Schublade zu stecken - aus der sie dann nie mehr herauskommen: "Sie wollen sagen: 'Früher war sie dies. Früher war er das. Das letzte, was ich von ihm gehört habe, ist, dass er Alkoholiker oder Drogenabhängiger war, oder Gott weiß was." Stattdessen, so ermutigt uns Mark, sollten wir den Menschen "die Freiheit einräumen, ihre höheren Aspekte auszudrücken, statt sie in irgendeine Art von Gefängniszelle unserer eigenen Kreation zu pressen."

*An welchen Glaubensüberzeugungen oder Klischees über mich selbst halte ich fest? Und wie sieht es mit Vorurteilen gegenüber anderen aus?*

*Versuche ich, meine Mitmenschen so zu betrachten, wie Gott sie sieht?*

*Ich übe mich darin, von meinen Mitmenschen das höchste Bild zu haben, auch wenn diese es im Augenblick vielleicht nicht leben.*

Über die innere Vision unseres Dritten Auges und die Intuition durch unser Seelenchakra können wir uns an die "unverfälschte Matrix" unseres Lebens, unserer Projekte und unserer Pläne anschließen. Die unverfälschte Matrix ist die göttliche Blaupause für das, wie die Dinge sein sollen. Wenn wir uns diese Matrix beständig vor Augen halten, wenn wir unsere Energien und unser geistiges Auge darauf lenken, werden wir das Bild erschaffen, das wir "sehen", und es wird Wirklichkeit werden.

Wir können uns diese Blaupause nicht nur für unser eigenes Leben vorstellen, sondern auch für andere. So, wie Gott das perfekte Bild für uns in Händen hält, können wir dieses Bild auch für andere wahren. Goethe sagte einst: "Wer die Menschen so behandelt, wie sie sind, wird sie niemals verbessern. Wer sie so behandelt, wie er sie gern haben möchte, der wird sie verändern."

Auf unser Leben im Alltag bezogen bedeutet "die unverfälschte Matrix für andere wahren", dass wir nicht voreilig Schlussfolgerungen ziehen, bevor wir die Fakten nicht genau kennen. Es bedeutet, dass wir uns und dem anderen die Gelegenheit einräumen, das was wir vielleicht vor Jahrzehnten, vor Wochen oder selbst vor Stunden noch gewesen sind, zu transzendieren. Zu erkennen, dass wir Dinge falsch wahrgenommen haben, kann durchaus herausfordernd sein. Nicht immer nehmen wir die Dinge so wahr, wie sie wirklich sind, da alles, was wir aufnehmen, über die Filter unserer emotionalen und mentalen Matrix läuft.

Die politische Dissidentin aus Burma, Aung San Suu Kyi, spricht dieses Thema an. Vielleicht haben Sie den Film "Beyond Rangoon" ("Rangoon - Im Herzen des Sturms") gesehen - sie war die Frau, die tapfer auf eine Schar von Soldaten in Reih und Glied zuschritt, die ihre Waffen auf sie gerichtet hatten. Die Soldaten verfielen angesichts ihres Mutes in solche Ehrfurcht, dass sie ihr nichts antaten. Sie stand sechs Jahre lang in Burma unter Hausarrest und wurde 1995 freigelassen. Sie befindet sich jedoch immer noch unter strenger Regierungsaufsicht in Rangun, der Hauptstadt von Burma.

In einem Land, in dem politische Gefangene zu Tausenden unter Arrest gehalten und gefoltert werden, spricht sich Aung San Suu Kyi furchtlos für die Demokratie aus und ist bekennende Buddhistin. In ihrem Buch "Die Stimme der Hoffnung", das aus einer Sammlung von

Gesprächen mit Alan Clements entstanden ist, sprach sie darüber, wie man "Bewusstsein" pflegt, und bezieht sich auf die Initiation über das Dritte Auge.

Sie sagte, dass die Suche nach der Wahrheit "in gewissem Sinne in dem Kampf besteht, seine Subjektivität zu überwinden", indem wir lernen, uns von unseren Vorurteilen zu distanzieren, wenn wir eine Situation bewerten.

"Die Suche nach der Wahrheit", sagte sie, "muss von einer gewissen Bewusstheit begleitet sein ... Wer sich bewusst ist, was er tut, verfügt über eine objektive Sichtweise gegenüber sich selbst. Ist man sich dessen bewusst, was andere Menschen tun, wird man auch im Hinblick auf diese objektiver.

*»'Siehe, ich bin mit dir' bedeutet immer: Wenn du nach Gott Ausschau hältst, ist Gott in deinem Blick – dir näher als du selbst.«*

- RUMI

Bewusstheit bedeutet beispielsweise, dass man wenn man sich darüber bewusst ist, dass jemand laut schreit, nicht gleich denkt: 'Was für ein schrecklicher Mensch.' Das ist rein subjektiv gedacht. Lebt man bewusst, so weiß man nämlich, dass er schreit, weil er wütend ist oder Angst hat. Das ist objektiv. Ansonsten beginnen sich alle Vorurteile zu vervielfachen, wenn keine Bewusstheit vorhanden ist."[5)]

In einem anderen Gespräch sagte Aung San Suu Kyi, dass der Humor uns helfen kann, Objektivität zu entwickeln. Der Interviewer hatte geäußert, wie schockiert er gewesen war, als sie an dem Tag, an dem sie verhaftet worden war, gemeinsam mit ihren Unterstützern "nur laut über die Krise gelacht und Witze gerissen hätte."[6] Bei einer anderen Gelegenheit lachten die verfolgten Führer der demokratischen Bewegung in Burma über das absurde Verhalten des militärischen Sicherheitsdienstes von Burma, der sie gerade 27 Stunden lang pausenlos verhört hatte, bis ihnen schließlich die Tränen kamen.

Aung San Suu Kyi erwiderte: "Natürlich befinden wir uns nicht in einer Situation, die zum Lachen ist. Doch der Ernst der Situation ist derart gelagert, dass wir uns alle darüber lustig machen können. Viele Burmesen machen sich nämlich bereits darüber lustig. Es kursieren Witze über Zwangsarbeit, über Gefängnis ... Ich denke, Sinn für Humor erfordert in einer Situation eine gewisse Portion Objektivität. Daher wirkt Humor auch so erfrischend und gesund.

Betrachtet man die Dinge insgesamt, so kann man ihnen stets auch eine humorvolle Seite abgewinnen. Daher lachen wir über Situationen, die anderen sehr ernsthaft erscheinen. Ich denke, in Anbetracht der Tatsache, dass U Win Htein und andere über seinen Bericht von den Verhören lachten, erscheint die ganze

Sache, insgesamt betrachtet, recht lächerlich. Betrachtet man alles jedoch nur aus einem bestimmten Blickwinkel, so könnte es einige Menschen in Wut versetzen, es ihnen erniedrigend erscheinen oder sogar Angst einflößen."[7)]

- *Ziehe ich in Bezug auf bestimmte Menschen oder Situationen voreilig Schlussfolgerungen?*

- *Habe ich von mir selbst, meiner Familie, meinem Partner, meinen Mitarbeitern eine hohe Meinung?*

# SPIRITUELLE TECHNIKEN

## *Affirmationen zur Harmonisierung des Dritten Auges*

*Visualisierung:*

Nehmen Sie einige tiefe Atemzüge. Konzentrieren Sie Ihre Energie auf den Sitz Ihres Dritten Auges zwischen Ihren Augenbrauen.

Stellen Sie sich Ihr Drittes Auge wie ein pulsierendes Energiezentrum von intensiver, smaragdgrüner Farbe vor (konzentrieren Sie sich auf Ihr Herz, sobald Sie beginnen, sich unwohl zu fühlen oder einen Schmerz zwischen den Augenbrauen verspüren).

Wenn Sie diese Visualisierung beherrschen, können Sie sich anschließend etwas vorstellen, was Sie gern Wirklichkeit werden lassen möchten - ein Ziel, das Sie erreichen möchten, die Lösung eines Problems im Beruf, die Verbesserung einer Beziehung. Wiederholen Sie dabei folgende Affirmationen:

*ICH BIN, ICH BIN alles erblickend,*
*Mein Auge ist eins, wenn ich dich anrufe.*
*Erhöhe und befreie mich jetzt,*
*Um dein heiliges Ebenbild zu werden.*

*ICH BIN das Auge, das Gott einsetzt,*
*Um den göttlichen Plan zu sehen.*
*Hier auf Erden will ich seinen Weg wählen,*
*Und seine Pläne als die meinen sehen.*

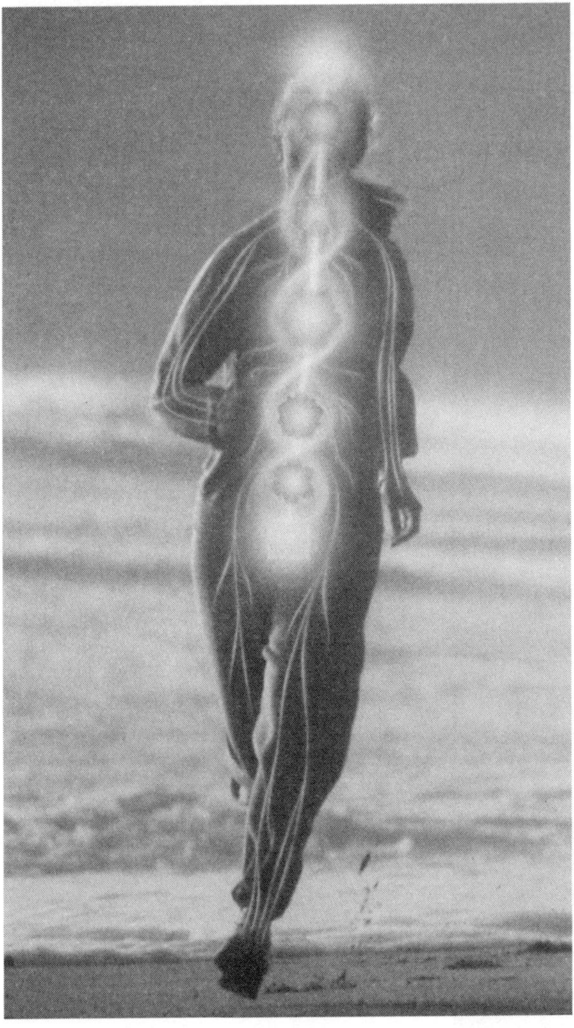

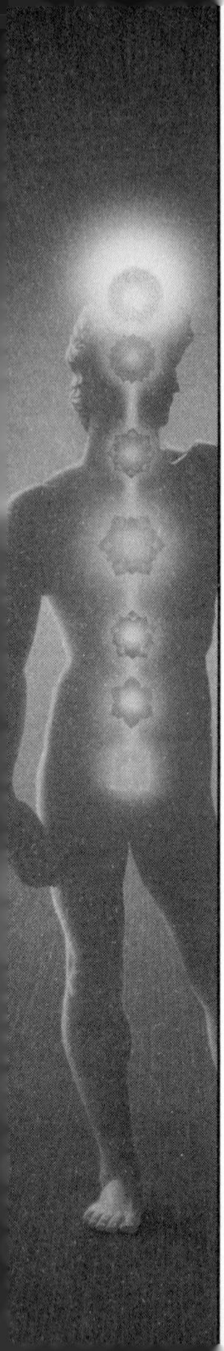

SIEBTES ENERGIEZENTRUM:

# KRONENCHAKRA

**SITZ:** Scheitel

**FARBE:** gelb, goldfarben

**NAME IM SANSKRIT:** Sahasrara ("tausendfach")

**BLÜTENBLÄTTER:** 972

**AUSDRUCK IM POSITIVEN ZUSTAND:** Erleuchtung, Weisheit, Selbsterkenntnis und Erkenntnis des Höheren Selbst, Verständnis, Ergebenheit, kosmisches Bewusstsein, geistige Offenheit

**IM UNAUSGEGLICHENEN ZUSTAND:** intellektueller und spiritueller Stolz, Eitelkeit, Intellektualität, Ich-Bezogenheit, Engstirnigkeit, Ignoranz

**KÖRPERZONEN:** Epiphyse (Zirbeldrüse), Gehirnrinde, Nervensystem

**MUSIKINSTRUMENT:** Saiteninstrumente

**EDELSTEINE:** goldener Diamant, gelber Saphir, Topaz

**TRADITIONELLE SPIRITUELLE LEHRE:** Buddhismus

*Über die Erkenntnis des inneren Selbst erlangen wir Weisheit, Erleuchtung und Einheit mit allem Leben.*

# KRONENCHAKRA

LEBENSLEKTION:

Aus der Vielfalt
hin zur Einheit

*"Ich bin Teil all dessen,
was mir begegnet ist."*

– ALFRED, LORD TENNYSON

Das siebte Energiezentrum, das Kronenchakra, ist der Ort, wo wir Weisheit und Erleuchtung erhalten und erfahren. Die Öffnung dieses Zentrums zum vollen Erstrahlen seines goldgelben Lichtes wird von jeher als Heiligenschein dargestellt. Sie wird auch als die schillernde Korona um Buddhafiguren und als domartige oder flammenähnliche Zunge über ihren Köpfen abgebildet.

Die Weisheit der Heiligen und Buddhas bedeutet nicht das Wissen um die Dinge dieser Welt. Sie bedeutet vielmehr das Wissen um die Wirklichkeit, die *hinter* der physischen Welt liegt - die innere Wirklichkeit, die die äußere Form belebt. Die Weisheit des Kronenchakras vermittelt uns, dass unsere Kenntnis dieser inneren Realität weitaus wichtiger ist als all unsere intellektuellen Errungenschaften.

Als Gautama Buddha einmal gefragt wurde: "Wer bist du?", antwortete er: "Ich bin erwacht." Erleuchtung bedeutet, dass wir unserem inneren Potenzial gegenüber wach sind. Wenn wir erwacht sind, verstehen wir die Begrenzungen unseres niederen Selbst und die grenzenlosen Ressourcen unseres Höheren Selbst.

Über unser Kronenchakra können wir uns an eine höhere Wissensquelle anschließen - an unseren eigenen höheren Geist, der eins ist mit dem Geist Gottes. Wir können unser eigenes kreatives Genie anzapfen. Denn ein Genie ist, wie Napoleon Hill feststellte, ganz einfach jemand, "der entdeckt hat, wie man die Gedankenkraft so weit verstärkt, dass man mit den Quellen des Wissens frei kommunizieren kann, die über die normale Gedankenfrequenz nicht zugänglich sind." [1)]

Die Weisheit des Kronenchakras, die untrennbar mit dem Mitgefühl verbunden ist, drängt uns dazu, das, was wir empfangen haben, den Menschen mitzuteilen, die es am meisten brauchen. Nachdem Gautama Buddha unter dem heiligen Feigenbaum meditiert und Erleuchtung erlangt hatte, kam er 49 Tage lang ins Nirwana. Dann versuchte die Verführung, Mara, Gautama dazu zu bewegen, wieder ins Nirwana zurückzukehren, bevor er die Weisheit, die er erlangt hatte, anderen weitergeben konnte. Es habe keinen Sinn, seine Erfahrungen mit anderen zu teilen, sagte Mara, denn niemand würde sie verstehen. Doch Gautama kehrte nicht zurück. Er antwortete schlicht und einfach: "Einige werden mich verstehen."

Auf die eine oder andere Weise sind wir alle dazu berufen, die Erleuchtung, die wir auf unserem Lebensweg erlangt haben, anderen weiterzugeben. Die Weisheit, die wir von unserer höheren Intelligenz, von den Universitäten dieser Welt oder auch durch die Schule harter Schicksalsschläge erhalten, ist ein Geschenk. Aus Mitgefühl für unsere Mitmenschen werden wir dazu getrieben, dieses Geschenk mit anderen zu teilen - sei es, dass wir es nutzen, um die Kider in unserer Familie oder Nachbarschaft mit zu erziehen, sei es, indem wir ein Computerprogramm entwickeln, das anderen helfen kann, neue Fertigkeiten zu erlangen, oder indem wir Kranke heilen.

*Ich bin bestrebt, die Beschränkungen des menschlichen Intellekts zu überwinden.*

Pablo Picasso sagte einmal: "Computer sind nutzlos. Sie können uns nur Antworten geben." Es sind nämlich die Fragen, die die Grenzen des Bekannten überschreiten - und uns damit in das Reich des Genies hineinkatapultieren. Stephen Hawking, der Kosmologe von Cambridge, sagt: "Es gibt kein Rezept, auf welchem Weg man zu einer neuen Erkenntnis gelangen kann. Jeder muss intuitiv selbst den Sprung wagen."

Eines der Geheimnisse des Kronenchakras besteht darin, dass dieser Bewusstseinssprung keinen Doktortitel voraussetzt. Ein gut entwickelter menschlicher Intellekt allein qualifiziert uns nicht unbedingt von vornherein, Zugang zur göttlichen Intelligenz zu erhalten. In der Tat sagte Lao Tse: "Man kann die ganze Welt kennen, ohne weit gereist zu sein. Man kann sogar die Wege des Himmels kennen, ohne jemals ein Fenster geöffnet zu haben. Seht ihr: Je weiter ihr euch wegbewegt, desto weniger wisst ihr."

*»Ziel unseres Lernens ist es, das Göttliche zu begreifen.«*

- ABRAHAM ABULAFIA

Indem wir uns selbst erziehen, können wir uns öffnen, um die Impulse unseres höheren Geistes und des

Geistes Gottes im Rahmen unseres auserwählten Berufes zu empfangen. Doch der Intellekt ist nicht mit dem Geist Gottes gleichzusetzen. Ralph Waldo Emerson sagte einmal: "Der Mensch sollte lernen, vielmehr den Lichtschimmer zu entdecken und zu beobachten, der von innen durch seinen Geist wandert, als das Leuchten am Firmament der Barden und Weisen."

In der Tat kann uns unsere Bildung sogar manchmal im Weg stehen, besonders, wenn sie zum Nährboden für den Stolz wird. Wir müssen bereit und willens werden, die Vorstellungen des Intellekts zu umgehen, der die Vorstellungen Gottes sonst wegrationalisieren würde.

Das ist auch die Technik der Zen-Meister und ihrer "Koan" oder Rätsel. Ein Zen-Meister erklärte einmal: "Wer die Wahrheit über den Intellekt und die Bildung sucht, entfernt sich nur immer weiter von ihr ... Erst wenn wir alles Bestreben nach irgendetwas aufgegeben haben, erst wenn unser Geist reglos ist wie Holz oder Stein, befinden wir uns auf dem richtigen Weg zum großen Tor."

Bills Lebensgeschichte verdeutlicht dies. Als Computerprogrammierer sagt Bill, dass die Programme, die er entwickelt, manchmal so kompliziert sind, dass er eine geistige Blockade hat. "Manchmal glaube ich, dass es jenseits meiner Fähigkeiten liegt. Ich kann es einfach nicht", sagt er. "Doch wenn es mir gelingt, mich zu zentrieren und zum Kelch zu werden, durch den

Gott wirken kann, dann schießt mir von irgendwoher im Kosmos, ich weiß nicht, woher - ein Gedanke durch den Kopf, der vorher nicht da war.

Er sagt mir, dass ich einen gewissen Aspekt näher betrachten soll. Dies führt dann zu einem weiteren Aspekt, der wiederum zu einem dritten Aspekt führt - bis ich schließlich bei der Lösung angekommen bin. Doch um dorthin zu gelangen, muss ich das Gefühl loswerden, der Aufgabe nicht gewachsen zu sein, und muss mich öffnen."

Wenn wir uns an unsere höhere Intelligenz anschließen, können wir Antworten erhalten, die wir sonst nirgends finden. Manchmal ähneln wir darin ein wenig Papst Johannes XXIII. Er erzählte einmal folgenden Witz: "Ich wache oft nachts auf und beginne, über ein ernsthaftes Problem nachzudenken. Dann beschließe ich, dass ich in dieser Sache den Papst befragen sollte. Wenn ich dann völlig wach bin, fällt mir wieder ein, dass ich ja selbst der Papst bin!"[2)]

Wenn Sie mitten in der Nacht aufwachen und die Antwort auf ein Problem suchen, sollten Sie nie vergessen, dass Sie unbegrenzten Zugang zum gesamten Wissen und all der Kreativität haben, die Sie brauchen - *wenn* Sie bereit sind, diese zu empfangen.

*Neige ich dazu, mich zu sehr auf meinen menschlichen Intellekt zu verlassen, oder versuche ich, mich an meinen höheren kreativen Geist anzuschließen?*

*Wenn ich Einsichten und Inspirationen erhalte, die anderen helfen können - teile ich diese dann mit anderen?*

*Ich nehme mir die Zeit, Ruhe zu finden, meinen Geist still zu stellen und Zeit allein für mich zu verbringen.*

Eine Möglichkeit, unser Kronenchakra in Balance zu bringen und uns darauf vorzubereiten, die Impulse der göttlichen Intelligenz zu empfangen, besteht darin, zur Ruhe zu kommen und den nach außen gerichteten Geist still zu stellen. Sind Sie in der Lage, Ihren Geist ruhig zu stellen? Lassen Sie sich leicht ablenken? Beschäftigen Sie Ihren Geist mit Nichtigkeiten oder Fantasien? Der weise Taoist Chuang Tzu formulierte es einmal ungefähr so: "Wer seinen Geist nicht zur Ruhe bringen kann, galoppiert sozusagen im Sitzen."

Galoppiert Ihr Geist auch im Sitzen? Dieses Problem ist gar nicht so selten. In einem Klassiker des 18. Jahrhunderts mit dem Titel "The Guide to the Bodhisattva's Way of Life" ("Der Leitfaden für einen Lebensweg im Sinne des Boddhisattva") vergleicht der Dichter und Mönch Shantideva den schwerfälligen Geist mit einem wild gewordenen Elefanten. "Es ist unmöglich, in irgendeiner Weise Disziplin zu wahren, wenn man den unruhigen Geist nicht unter Kontrolle hält. Ungezähmte Elefanten, die gereizt wurden, richten weniger Schaden an als der ungebändigte Geist, der einem Elefanten gleicht, der Amok läuft." Konzentriert man den trägen Geist, so sagt er, auf etwas anderes, so sind all unsere spirituellen Übungen, selbst wenn wir sie lange Zeit durchführen, "nutzlos".[3] Wieder zeigt sich, dass unsere Energie immer dorthin fließt, worauf sich unsere Aufmerksamkeit richtet.

Unser Geist und unser Körper sind eng miteinander verbunden. Um daher unseren Geist zur Ruhe zu bringen, müssen wir auf unseren Körper achten. Es ist leichter, sich zu konzentrieren und gezielt auf eine Sache auszurichten, wenn wir ausreichend Schlaf und körperliche Bewegung haben und gute Nahrung und Nährstoffe zu uns nehmen, die uns eher stärken als solche, die uns schwerfällig (wie etwa zu viel Öl) oder nervös machen (wie beispielsweise zu viel Salz oder Kaffee).

Eine andere Möglichkeit, um unser Kronenchakra in Balance zu bringen, gelingt dadurch, dass wir uns Zeit für Meditationen und ein Gespräch mit Gott nehmen. Nehmen Sie sich die Zeit, Ihre Lieblingsschriften oder inspirierende Werke zu lesen. Nehmen Sie sich die Zeit, die Erkenntnisse zu empfangen, die Gott Ihnen persönlich zukommen lassen möchte. Verbringen Sie Zeit mit sich allein.

Manchmal füllen wir unseren Tag mit so vielen Tätigkeiten an, dass wir vergessen, auf die innere Stimme der Weisheit zu hören. Sehen Sie Ihren Wochenplan durch und tragen Sie einige Stunden für sich selbst ein, bevor die Tage ganz ausgebucht sind.

Einmal wollte ich mit jemandem einen Termin vereinbaren. Er sagte: "Am besten tragen wir es gleich heute in den Kalender ein, selbst wenn es bis dahin noch drei Wochen sind, weil mein Kalender immer so schnell voll ist." Dann warf er mir einen kurzen Blick zu und sagte: "Das Gleiche gilt übrigens auch für meine Frau." Er blätterte ein wenig in seinem Kalender herum, bis er an einem Tag angelangt war, der noch zwei Monate vor uns in der Zukunft lag, und sagte: "Sehen Sie, ich treffe mich mit meiner Frau am 20. um 20:00 Uhr. Sie wollte diesen Termin fest mit mir vereinbaren, damit sie *sicher* sein konnte, dass ich mir auch wirklich in den nächsten zwei Monaten eine feste Zeit reservieren würde, um mich mit ihr zu unterhalten."

So ist es eben heute in unserer Gesellschaft. Es geht alles so schnell, dass wir für die besonderen Menschen in unserem Leben feste Zeiten *festlegen* müssen. Zwei dieser besonderen Menschen sind Sie selbst und Gott.

Wenn wir manchmal in Depressionen verfallen oder die Lust am Leben verlieren, so liegt das daran, dass wir nicht genügend Zeit abseits der tobenden Masse verbringen. Wenn die Seele nicht ihrer natürlichen Neigung, sich mit Gott zu vereinen, folgen darf, verwandelt sich diese Sehnsucht nach Vereinigung in ein Gefühl der Einsamkeit, das selbst die beste zwischenmenschliche Beziehung nicht aufwiegen kann.

1953 und 1954 gelang es Thomas Merton, einige besondere Momente in Einsamkeit und Meditation zu verbringen. Er schrieb seine Gedanken über die Einsamkeit und das kontemplative Leben nieder. Merton entdeckte, dass wir nicht "perfekt" sein müssen, damit Gott seine Weisheit mit uns teilt. "Nur die Einsamkeit", so schreibt Merton, "hat mich gelehrt, dass ich nicht ein Gott oder Engel werden muss, um dir [Gott] zu gefallen; dass ich nicht eine reine Intelligenz ohne Gefühl und ohne menschliche Schwächen werden muss, bevor Du meine Stimme erhörst. Du wartest nicht, bis ich großartig geworden bin, bevor du bei mir bist, mich hörst und mir antwortest."[4)] Dies sind die süßen Enthüllungen und Erkenntnisse, die uns widerfahren können, wenn wir uns die Zeit nehmen, mit Gott allein zu sein.

Und erzählen Sie nicht immer gleich anderen Ihre intimsten heiligen Erfahrungen. "Gott teilt seine reinsten Geheimnisse nicht dem mit, der sie sofort bereitwillig anderen enthüllen will", bemerkte Merton. "Er hat Geheimnisse, die er Personen anvertraut, die einen Teil davon anderen Menschen weitersagen. Doch diese Geheimnisse gehören zum gemeinsamen Gedankengut vieler Menschen. Er birgt jedoch auch andere Geheimnisse, die man nicht erzählen kann. Allein indem wir das Bedürfnis haben, diese mitteilen zu wollen, verschließen sich uns diese."[5)]

Es gibt bestimmte spirituelle Erfahrungen, die heilig sind und nicht mit anderen geteilt werden sollten. Mark Prophet sagte einmal: "Für mich ist einer der größten Fehler der Menschen, ihren Nachbarn, Freunden oder Bekannten spirituelle Erlebnisse zu erzählen, die sie hatten. Oft genug werden diese Bekannten zu ihnen sagen: 'Oh, das ist ja wunderbar! Wie nett.' Dann drehen sie sich um und sagen: 'Weißt du, ich glaube, sie wird schon langsam ein wenig senil!'"

- *Verbringe ich genug Zeit für mich allein?*

- *Versuche ich im Verlauf meines Tages bewusst, langsamer zu werden, meinen Geist zur Ruhe zu bringen und mich auf meinen höheren Geist einzuschwingen?*

*Ich öffne mich der Einheit, die in der Vielfalt enthalten ist.*

Auf der Ebene des Kronenchakras, des tausendblättrigen Lotus, werden wir in die höchste Weisheit und das höchste Verständnis eingeweiht - das Wissen, dass wir nicht zwei, sondern eins sind.

Es gibt nicht zwei - Sie und mich. Es gibt nicht zwei - Sie und Gott. Es gibt nur eines: Es gibt nur Gott. Es gibt nur einen Geist. Es gibt nur ein "Selbst", das Selbst, das man mit einem großen "S" schreibt. Der Rest ist Illusion.

Dies ist das Mysterium, das die Mystiker und Adepten entschlüsselt haben. Wir können es intellektuell begreifen, doch solange wir es nicht mit unserem ganzen Herzen, unserer Seele und unserem Geist verstanden haben, werden wir weiterhin in einem Gefühl der Dualität leben - zwei, nicht eins. Solange wir noch aus der Perspektive der Dualität heraus handeln, sind wir noch nicht mit den höchsten Energien des Kronenchakras verbunden.

*»Anstatt mit allen Menschen so eng verbunden zu sein – werde zu jedem Menschen.«*

- RUMI

Rumi drückte diese Weisheit in einer einfachen Parabel über das menschliche Ego aus, dem es schwer fällt, sich mit dem wahren Selbst und mit Gott zu identifizieren. Sie lautet folgendermaßen: Jemand klopfte einmal bei seinem Freund an die Tür. "Wer ist da?", fragte der Freund. "Ich bin's", lautete die Antwort. Doch der Freund schickte ihn weg, weil für "rohes Fleisch" kein Platz an seinem Tisch war.

Nach einem Jahr kehrte die Person zurück - völlig "gar gekocht" - und klopfte wieder an. "Wer ist da?", fragte der Freund. "Du", lautete diesmal die Antwort. Der Freund öffnete die Tür, erklärte, dass in seinem Haus nur Platz für einen sei - und ließ ihn ein.

Wenn wir verstanden haben, dass es nicht zwei, sondern nur eins gibt, wird Gott uns alles über sich selbst offenbaren - weil wir uns selbst ganz an Gott übergeben haben.

Eine der ältesten Überlieferungen dieses mystischen Themas findet sich in den Upanischaden, den alten Schriften der Hindus. In einem Gespräch zwischen einem jungen Mann namens Nachiketas und dem Tod verspricht der Tod, Nachiketas drei Wünsche zu erfüllen. Als Erstes bittet der junge Mann um Versöhnung mit seinem Vater. Zum Zweiten bittet er um das Feuer, das zum Himmel führt. Als dritten Wunsch bittet er den Tod, ihm zu erklären, was mit dem Menschen nach dem Tod geschieht.

Im Verlauf ihres Gespräches enthüllt der Tod allmählich das Geheimnis der Unsterblichkeit. Er sagt:

"Manche Menschen haben nie vom Höheren Selbst gehört, manche haben davon gehört, können es jedoch nicht finden ... Über die Logik gelangt niemand zum Höheren Selbst ... Diese ungebändigte Kraft, die Quelle aller Kräfte, die sich als Leben manifestiert, in jedes Herz eindringt, dort zwischen den Elementen weilt - das ist das Höhere Selbst ... Sagt eurem Geist, dass es nur den Einen gibt."

Der Tod erklärt weiter, dass Nachiketas dieses "Selbst" nicht im Außen suchen sollte. Dieser innewohnende Geist, so sagt der Tod, ist "jene Person, nicht größer als ein Daumen, die lodert wie eine Flamme ohne Rauch, und die Vergangenheit und Zukunft schmiedet." Dieses innerste Selbst, so enthüllt er, ist Gott - der "im Herzen wohnt".[6)]

Der Geist, der in uns wohnt, wird in vielen Weltreligionen beschrieben. In der Tradition der Hindus spricht Katha Upanishad auch vom "Licht des Geistes", das "im geheimen heiligen Raum des Herzens" aller Lebewesen verborgen ist. Die Buddhisten sprechen vom "Keim des Buddhismus", der in jedem Lebewesen sitzt. Der christliche Theologe und Mystiker Meister Eckhart lehrte, dass "Gottes Same in uns ist." Es gibt einen Teil von uns, so schrieb er, der "ewig im Geist bleiben wird und göttlich ist ... Hier glüht und lodert Gott in Flammen ohne Unterlass."

Wenn wir dazu übergehen, uns weniger mit unserem Äußeren, dem Ego, zu identifizieren und mehr mit jener Person in unserem Herzen - diejenige, die brennt "wie eine Flamme ohne Rauch" - dann und nur dann sind wir auf dem Weg zur vollen Blüte unseres Kronenchakras.

Wenn die Energien unseres Kronenchakras sich beschleunigen und harmonischer werden, wird es uns gelingen, ein dauerhaftes Gefühl für die Einheit mit dem großen Geist zu entwickeln, während wir hier auf Erden wandeln. Darüber hinaus wird es uns gelingen, diesen großen Geist in allen unseren Mitmenschen zu erkennen.

Befinden sich die Energien unseres Kronenchakras nicht in Harmonie, so sind wir nicht in der Lage, uns dieses innewohnenden Geistes, der unsere Essenz ist, bewusst zu werden. Oder wir lassen uns umgekehrt im anderen Extremfall unsere spirituellen Erkenntnisse möglicherweise "zu Kopf steigen", weil wir uns einreden, dass wir besser sind als andere. Vielleicht sonnen wir uns aber auch in unserer spirituellen Glückseligkeit, in unserem eigenen spirituellen Elfenbeinturm und kommen im wahrsten Sinne des Wortes niemals auf den Boden. Doch dies ist nicht der Weg des Kronenchakras. Die Initiation des Kronenchakras erfordert, dass wir unseren Stolz, unser Ego und unsere Reserviertheit loslassen und einen Weg finden, um unsere

Spiritualität *praktisch umzusetzen* und diese alles umfassen zu lassen.

Die negative Schwingungsqualität des Stolzes kann auf der energetischen Ebene eine trübe, dunkle Korona an Stelle der strahlend gelben Korona der Erleuchteten bewirken. Diese dunkle Energie kann unseren Kontakt zum höheren Geist trüben und es noch schwieriger machen, die Impulse des Göttlichen über das Kronenchakra zu empfangen.

Das Übergangsritual, vor dem wir auf der Ebene des Kronenchakras stehen, erfordert auch, dass wir unsere Mitmenschen würdigen und von jedem bereitwillig lernen. Eines der Zeichen der aufkommenden neuen Spiritualität unseres Zeitalters ist eine Wertschätzung der Vielfalt. Während wir uns in die Zukunft bewegen, können wir viel von einer Größe der Vergangenheit lernen - Akbar dem Großen, dem mongolischen Herrscher des 16. Jahrhunderts.

*»[Der Yogi] sieht sich selbst im Herzen aller Lebewesen und alle Lebewesen in seinem Herzen.«*

- DIE BHAGAVAD GITA

Akbar war ein großartiges militärisches Genie und ein weiser Herrscher, der gewaltigste Herrscher seiner Zeit. Doch sein größter Wunsch bestand darin, die Vielfalt der religiösen Glaubensrichtungen, die er vor

Augen sah - die Christen, Moslems, Hindus, Anhänger des Zarathustra und Juden - wieder zu versöhnen.

Er war der erste Monarch im Mittelalter, der erkannte, dass die Wahrheit in allen Religionen steckt. Wie viele Menschen gibt es heute auf der Welt, die diese Tatsache anerkennen?

Akbar erkannte den Kern der Wahrheit in allen Religionen. Infolgedessen gründete er seine eigene, monotheistische, unitarische Religion, den so genannten "Divine Faith" ("Göttlichen Glauben"). Sein Ziel war es, die Einheit in der Vielfalt zu bewirken. Meine persönlichen Studien des mystischen Pfades der Weltreligionen haben mich zu der Erkenntnis gebracht, dass diese Pfade weitaus mehr Gemeinsamkeiten als Unterschiede aufweisen. Genauso verhält es sich auch mit vielen anderen Dingen im Leben. Wir können die Vielfalt genießen - und sogar von ihr profitieren - und dabei die ihr innewohnende Einheit ergründen.

- *Würdige ich die Vielfalt und versuche ich, von ihr zu lernen?*

- *Versuche ich, das gemeinsame Band zu entdecken, das mich und meine Mitmenschen vereinen kann, oder beharre ich auf unseren Unterschieden?*

# SPIRITUELLE TECHNIKEN

## *Affirmationen zur Aktivierung des Kronenchakras*

Über unser Kronenchakra empfangen wir die kreativen Gedanken Gottes und unseres Höheren Selbst. Die folgenden Affirmationen können Ihnen helfen, die körperlichen und spirituellen Fähigkeiten Ihres Geistes zu klären. Sie können Sie dabei unterstützen, Ihre intuitiven Fähigkeiten zu verstärken und eine schärfere Wahrnehmung der spirituellen Dimensionen zu entwickeln.

Stellen Sie sich, während Sie diese Affirmationen sprechen, vor, wie die Violette Flamme Ihren Geist von allen mentalen Blockaden, negativen Bildern und einschränkenden Vorstellungen über sich selbst und andere reinigt. Sehen Sie vor sich, wie Ihr Geist mit dem leuchtenden, goldenen Licht des Kronenchakras erfüllt wird.

## Meditationen für das Kronenchakra

*Oh leuchtend-goldene Lichterflamme,*
*oh Flamme, die du so wundersam*
*anzuschaun bist,*
*ICH BIN in jeder Zelle meines Geistes*
*strahlend,*
*ICH BIN die Weisheit des Lichtes,*
*das alles göttlich macht,*
*nimmermüde, ewig sprudelnde Quelle*
*des flammenden Lichts der Erleuchtung.*
*ICH BIN, ICH BIN, ICH BIN Erleuchtung.*

---

*ICH BIN Licht, du Christus in mir,*
*Befreie meinen Geist für immer.*
*Violettes Feuer leuchte stets*
*Tief in diesem meinem Geist.*

*Herr, der du mir gibst mein täglich Brot,*
*Mit violettem Feuer erfülle mein Haupt,*
*Bis dass dein himmlischer Glanz*
*Meinen Geist verwandelt in einen Geist von*
*Licht.*

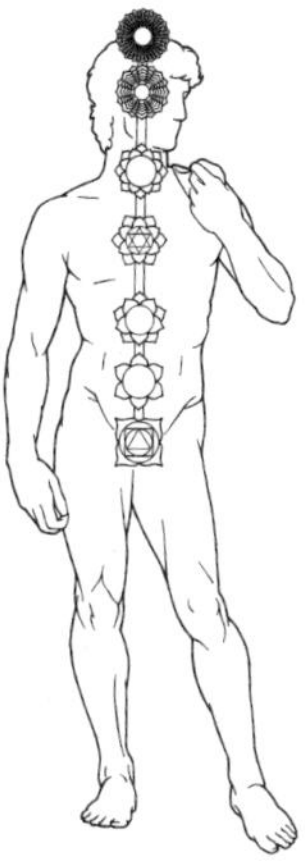

# Wie Sie Ihre Chakren versiegeln können

*"Wenn die Vitalität in die Augen steigt, ist der Blick klar; wenn sie in die Ohren kommt, wird der Hörsinn scharf; wenn sie im Mund ist, ist unsere Sprache klar und treffend; ist sie im Geist angelangt, so sind unsere Gedanken alles durchdringend."*

– HUAI-NAN-TZU

Unsere Energiezentren (Chakren) sind die spirituellen Organe, die den Energiefluss in uns steuern und unsere Vitalität, unsere Lebenseinstellung und unser spirituelles Wachstum beeinflussen. Der beständige Energiefluss, der sich wie ein Lichtstrom durch unsere Chakren bewegt, hält Körper, Verstand und Geist in einer positiven Schwingung. Ein reduzierter Energiefluss kann, wie Luft, die sich in einem stickigen Raum angesammelt hat, zu Stauungen, Depressionen und sogar Krankheiten führen.

Auch wenn wir uns darüber nicht bewusst sind, misslingt es uns manchmal, unsere Energien unter Kontrolle zu halten. Ist dies der Fall, so kann es sein, dass wir uns ausgelaugt fühlen und unsere Lebensfreude verlieren. Dies kann sich auf vielfältige Weise in jedem der verschiedenen Chakren abspielen. Wie bereits erwähnt, können wir Energie verlieren, wenn wir diese in etwas Negatives investieren - in eine negative Einstellung gegenüber uns selbst oder anderen, in Wut, Aufregung, Klatsch, zu viel Reden, Hass, Eifersucht und dergleichen.

Manchmal erleben wir auch einen Energieverlust, wenn wir uns auf spirituell ungesundes Terrain begeben. Haben wir es beispielsweise mit einer Person zu tun, die niedergeschlagen ist, so beginnen wir ebenfalls, traurig zu werden. Durch den bloßen Aufenthalt in einer Menschenmenge oder einem großen Einkaufszentrum können wir uns erschöpft fühlen und innerlich aus dem Gleichgewicht geraten. Dies ist einfach eine Folge der Tatsache, dass das, was eine niedrigere Schwingung besitzt als unser eigener Wille, unsere Energien aufsaugt, so wie ein ausgedörrter Boden Wasser aufnimmt - es sei denn, wir schützen uns.

Sobald Sie bemerken, dass etwas oder jemand Ihnen Energie raubt, können Sie Ihren "spirituellen Werkzeugkoffer" öffnen. Die Affirmationen "Lichtsäule" und "Meditation zur Versiegelung Ihrer Chakren" auf den folgenden Seiten können Ihnen helfen, Ihr Gleichgewicht wiederherzustellen und sich an Ihr liebendes Höheres Selbst anzuschließen.

## Ihre persönliche spirituelle Anatomie

Jeder von uns hat seine individuelle Verbindung zu Gott über sein Höheres Selbst. Die Abbildung unseres göttlichen Selbst auf Seite 213 kann Ihnen dabei behilflich sein, diese Beziehung zu verstehen. Es handelt sich hier um die Darstellung Ihrer spirituellen Anatomie und Ihres Potenzials, die Person zu werden, die Sie wirklich sind. Der Autor Dannion Brinkley, der bereits drei Nahtoderfahrungen erlebt hat, sagt: "So seht ihr von der spirituellen Ebene aus betrachtet aus."

Die oberste Gestalt in der Abbildung ist die ICH-BIN-Gegenwart, die persönliche Gegenwart Gottes, die für jeden von individueller Art ist. Die Buddhisten nennen sie "Dharmakaya", oder "Körper der höchsten Realität".

Die mittlere Gestalt verkörpert Ihr Höheres Selbst - Ihren weisen inneren Lehrer, Hauptschutzengel und besten Freund. Manche Menschen bezeichnen das Höhere Selbst als den "Christus in uns" bzw. den "inneren Buddha". Jeder von uns hat die Bestimmung, hier auf Erden die Reflexion seines Höheren Selbst zu werden, indem er das volle Potenzial seines spirituellen Wesens manifestiert.

Der Lichtstrahl, der vom Herzen der ICH-BIN-Gegenwart zur unteren Gestalt hinabströmt, ist die Silberschnur, die Nabelschnur, die uns mit unserer spirituellen Quelle verbindet und unsere Energiezentren nährt. Die untere Gestalt, die Sie selbst auf Ihrem spirituellen Weg verkörpert, ist in die reinigende, spirituelle Energie der Violetten Flamme und in die schützende weiße Lichtsäule eingehüllt, die Sie bei Ihren spirituellen Übungen anrufen.

*Darstellung Ihres göttlichen Selbst*

## Das weiße Licht

Die Heiligen und Mystiker haben das weiße Licht in ihren Gebeten und Meditationen schon immer gesehen und gespürt. Die Israeliten beispielsweise erlebten die Lichtsäule während ihrer Wanderung durch die Wüste tagsüber als "Wolkensäule" und nachts als "Feuersäule". Gott versprach uns durch den Propheten Zacharias: "Ich werde sie [die Stadt Jerusalem] mit einer Feuerwand umgeben und als Krönung in ihrer Mitte strahlen."

Das weiße Licht kann uns helfen, zentriert und im Frieden zu bleiben. Es schützt uns vor negativen Energien, die uns durch andere manchmal in Form von Wut, Verurteilung, Hass oder Eifersucht zuteil werden. Wenn Sie ein starkes Lichtfeld um sich und in sich haben, wird dieses Licht das Negative zurückhalten und abstoßen. Bleiben Sie ungeschützt, können diese aggressiven Energien Sie reizbar oder depressiv machen. Sie können sogar zu Unfällen führen.

## *Meditation zum weißen Licht*

Sie können den Schutz des weißen Lichts über die Affirmation "Lichtsäule" herbeirufen. Die Lichtsäule ist ein Energieschild, der von Gott über Ihr Höheres Selbst als Antwort auf Ihren Hilferuf herabgeschickt wird.

Am besten ist es, die Affirmation "Lichtsäule" jeden Morgen zu sprechen, bevor die Hektik des Alltags beginnt. Sollten Sie sich im Verlauf des Tages energielos, leer oder verletzlich fühlen, ziehen Sie sich einfach einige Minuten zurück und wiederholen Sie diese Affirmation.

*Visualisierung:*

Während Sie die Affirmation "Lichtsäule" sprechen, sehen Sie vor sich, wie Gott Ihnen strahlend weißes Licht herabschickt, heller als die Sonne, wenn sie auf eine frische Schneedecke fällt. Sehen Sie, wie es verschmilzt und um Sie herum eine undurchdringliche Lichtwand von etwa drei Meter Durchmesser bildet, die Sie vor allem Negativen schützt.

Stellen Sie sich vor, wie Sie im Innern dieses schillernden Lichtzylinders von der Violetten Flamme umhüllt sind. Von Zeit zu Zeit können Sie im Lauf des Tages diesen spirituellen Schutz verstärken, indem Sie das weiße Licht um sich herum visualisieren und diese Affirmation wiederholen.

### Lichtsäule

*Geliebte strahlende ICH BIN Gegenwart,*
*Umhülle mich mit deiner Säule aus Licht*
*Von der Aufgestiegenen Meister Flamme,*
*Angerufen in Gottes eigenem Namen.*
*Sieh' nun, dass sie meinen Tempel freihalte,*
*Von Disharmonie, die mir gesendet wird.*

*Ich rufe violettes Feuer herbei,*
*All' Verlangen zu erhell'n und verwandeln,*
*Möge sie nun brennen in Freiheits Namen,*
*Bis ICH BIN eins mit der Violetten Flamme.*

Nachdem Sie diese Meditation so oft gesprochen haben, wie Sie es für erforderlich halten, können Sie anschließend noch die “Meditation zur Versiegelung Ihrer Chakren” durchführen, die Sie auf der nächsten Seiten finden. Damit schützen Sie Ihre Energiezentren vor der Übernahme disharmonischer Energien, die Ihnen möglicherweise im Lauf des Tages begegnen.

## *Meditation zur Versiegelung Ihrer Chakren*

Sie können die folgende Meditation jederzeit tagsüber wiederholen, sobald Sie das Gefühl haben, Ihre Energiezentren energetisieren oder versiegeln zu müssen. Während Sie diese Meditation praktizieren, werden Sie in Ihren sieben Chakren und in den Energiezentren Ihrer Handflächen immer mehr Sensibilität entwickeln. Ihre Chakren sind zwar entlang Ihrer Wirbelsäule positioniert, doch für den Zweck dieser Übung bewegen Sie jeweils Ihre rechte Hand auf der Vorderseite des Körpers entlang zur entsprechenden Position.

## Herzchakra

1. Legen Sie Ihre linke Hand auf Ihr Herzchakra in der Brustmitte (lassen Sie Ihre linke Hand während der gesamten Meditation dort ruhen). Legen Sie Ihre rechte Hand auf Ihre linke Hand.

Visualisieren Sie eine glühende weiße Scheibe in Ihrem Herzen. Sehen Sie, wie Ihre rechte Handfläche dieses weiße Licht herauszieht, das Sie jetzt gleich dazu benutzen werden, um jedes Chakra mit Energie zu versorgen.

Spüren Sie, wie das spirituelle Feuer sich in Ihrem Herzchakra verstärkt. Spüren Sie die wärmende Liebe, die in Ihrem Herzen wächst.

## Kronenchakra

2. Während Sie Ihre linke Hand auf dem Herzchakra ruhen lassen, halten Sie nun Ihre rechte Hand über Ihren Scheitel, einige Zentimeter über Ihrem Kronenchakra. Mit der linken Hand zapfen Sie Energie von Ihrem Herzchakra, mit Ihrer rechten Hand bringen Sie diese Energie über Ihr Kronenchakra.

Schließen Sie die Augen und visualisieren Sie, wie diese weiße Feuerscheibe Ihr Kronenchakra mit Gottes Energie auflädt, stimuliert und harmonisiert. Sehen und spüren Sie diese Lichtverbindung, während das Licht durch Ihre rechte Handfläche zu Ihrem 1.000-blättrigen, goldenen Kronenchakra fließt. Um den Lichtfluss zu aktivieren, machen Sie mit der rechten Hand leichte kreisende Bewegungen im Uhrzeigersinn.

## Drittes Auge

3. Wenn Sie das Gefühl haben, dass Sie mit diesem intensiven Licht, das in Ihr Kronenchakra strömt, in Kontakt gekommen sind, bewegen Sie Ihre rechte Hand etwa zwei Zentimeter vor Ihr drittes Auge, das zwischen Ihren Augenbrauen sitzt.

Visualisieren Sie, wie die weiße Feuerscheibe in Ihrer rechten Hand über Ihrem Dritten Auge im Kreis wirbelt. Bewegen Sie Ihre rechte Hand über Ihrem Dritten Auge im Uhrzeigersinn. Sehen Sie dieses 96-blättrige Chakra in intensivem Smaragdgrün vor sich, und spüren Sie, wie die Energie des weißen Lichts Ihr Drittes Auge aktiviert.

Sie können dies nur kurz oder auch längere Zeit tun, je nachdem, wie lange Sie Ihre Meditation ausdehnen möchten. Sollten Sie Schmerzen in Ihrem Dritten Auge verspüren, gehen Sie zum nächsten Schritt über, damit Sie dieses Chakra nicht überstimulieren.

## Kehlchakra

4. Wenn Sie bereit sind, bewegen Sie Ihre rechte Hand zirka zwei Zentimeter vor Ihr Kehlchakra, wo Ihr Hals beginnt. Visualisieren Sie, wie die Scheibe aus gleißendem, weißem Lichtfeuer Ihr Kehlchakra aktiviert, während Sie Ihre rechte Hand im Uhrzeigersinn kreisen lassen. Sehen und spüren Sie dieses 16-blättrige Chakra in intensivem Blau, während es energetisiert, gereinigt, harmonisiert und geheilt wird.

## Herzchakra

5. Während Ihre linke Hand immer noch auf Ihrer Brustmitte über Ihrem Herzchakra ruht, bewegen Sie Ihre rechte Hand zirka zwei Zentimeter über Ihr Herzchakra. Spüren Sie, wie das Licht Ihr Herzchakra auflädt, während Sie Ihre Hand erneut kreisen lassen. Spüren Sie, wie das Licht sich verstärkt, während es durch die 12 Blütenblätter dieses leuchtend pinkfarbenen Chakras strömt. Sie können an dieser Stelle einige tiefe Atemzüge nehmen.

## Solarplexus

6. Bewegen Sie Ihre rechte Hand ca. 2 cm über Ihren Solarplexus in Höhe des Nabels. Das Licht stärkt nun dieses 10-blättrige, purpurgoldene Chakra, das auch unter dem Namen "Sitz der Sonne" bekannt ist.

Spüren Sie, wie das weiße Licht in dieses Chakra strömt und inneren Frieden schafft, während Sie Ihre rechte Hand im Uhrzeigersinn kreisen lassen. Lassen Sie alles los, was in Ihrem Leben im Unfrieden ist - alle Reibungspunkte, alle Sorgen, alle ungelösten Probleme. Nehmen Sie wiederum einige tiefe Atemzüge, während Sie dem Licht Zeit geben, den Solarplexus zu stabilisieren und ihn wieder in seine natürliche Harmonie zurückzubringen.

## Sitz der Seele

7. Bewegen Sie Ihre rechte Hand zirka zwei Zentimeter über Ihren Sitz der Seele, in der Mitte zwischen dem Nabel und der Basis der Wirbelsäule. Dort sitzt Ihre Seele so lange, bis sie ihr Karma ausgeglichen hat und auf die Ebene des Herzens aufsteigt. Ihre Seele ist sensibel, intuitiv, fragil. Ihre Seele ist Ihr inneres Kind.

Visualisieren Sie die gleißende, weiße Lichtscheibe über Ihrem 6-blättrigen Seelenchakra in der Farbe Violett. Während das Licht weiterhin in dieses Chakra einströmt, sehen Sie, wie es Ihr inneres Kind umfängt - es beruhigt, tröstet und stärkt. Lassen Sie Ihre rechte Hand im Uhrzeigersinn kreisen, um die Lichtarbeit zu verstärken.

## Wurzelchakra

8. Bewegen Sie Ihre rechte Hand zirka zwei Zentimeter vor Ihrem Wurzelchakra. Lassen Sie Ihre rechte Hand vor diesem 4-blättrigen, weißen Energiezentrum kreisen, um seine Energien zu versiegeln, zu stimulieren und zu harmonisieren.

## Von der Wurzel zur Krone

9. Während Sie Ihre linke Hand über Ihrem Herzchakra ruhen lassen, bewegen Sie Ihre rechte Hand langsam von der Wurzel zur Krone in Höhe Ihrer Chakren nach oben. Halten Sie bei jedem Chakra inne, bis Sie auf dieser Ebene alles in Harmonie spüren. Jedes Chakra ist eine Station, an der Sie mit Licht arbeiten.

Diesen letzten Schritt können Sie drei oder vier Mal wiederholen. Beginnen Sie dabei jeweils an der Wurzel, spüren Sie, wie Sie das Licht versiegeln und aufsteigen lassen. Sie können diese Arbeit unterstützen, indem Sie dabei tief atmen.

## Rückkehr zum Herzen

10. Zum Abschluss dieser Übungen legen Sie Ihre rechte Hand zurück auf Ihr Herzchakra, auf Ihre linke Hand. Chanten Sie die heilige Silbe "Om", um diese Meditation in Ihrem Herzen zu versiegeln.

ॐ

# Ganzheitliche Heilungsansätze

*"Gesundheit ist die unentbehrliche Voraussetzung für Glückseligkeit."*

– JAMES THOMSON

Heilung widerfährt uns nicht einfach. Sie vollzieht sich in unserem Inneren. Sie beginnt damit, dass wir verstehen, wie unsere emotionale und spirituelle Gesundheit sich auf unsere körperliche Vitalität auswirkt - und umgekehrt. Heutzutage besinnen sich viele Menschen wieder auf alternative oder komplementäre Therapien, um diesen ganzheitlichen Heilungsansatz zu bewirken. Viele dieser Therapien wenden alte Techniken auf unsere modernen Lebensumstände an.

Gerade einmal sechs Krankenhäuser in den gesamten Vereinigten Staaten verfügen über Abteilungen oder Kliniken, die innovative, komplementäre Versorgung parallel zu den konventionellen Behandlungen anbieten. Das vielleicht bekannteste Projekt ist das Programm zur integrativen Medizin an der Universität von Arizona unter der Leitung des Gurus für alternative Heilmethoden, Dr. Andrew Weil, Autor des Bestsellers "Spontanheilung". Sein Programm bietet eine ganze Reihe von alternativen Heilbehandlungen im Rahmen eines Krankenhausaufenthaltes, u. a. Kräuterheilmittel, Akupunktur, Vitamintherapie, Therapie durch Berührung und Gebet.

Ganzheitliche Therapien erleichtern die Heilung des ganzen Menschen - Körper, Verstand und Geist - und zielen darauf ab, die natürlichen Selbstheilungskräfte des Körpers anzuregen.

Sie können uns oft dabei helfen, die Wurzeln bestimmter Beschwerden zu finden, anstatt nur die Symptome zu behandeln. Derartige Therapien arbeiten mit dem Energiefluss und - direkt oder indirekt - mit den sieben Energiezentren des Körpers.

In diesem Kapitel werden wir einige der bekanntesten ganzheitlichen Therapien vorstellen. Bitte bedenken Sie, dass sie nicht dazu gedacht sind, herkömmliche medizinische Diagnosen oder eine fachliche schulmedizinische Versorgung zu ersetzen, falls diese nötig sein sollte.*

# Homöopathie

Homöopathie ist ein Heilsystem, das Ende des 17. und Anfang des 18. Jahrhunderts von dem deutschen Arzt Samuel Hahnemann entwickelt wurde. In den Vereinigten Staaten wurde die Homöopathie in den Jahrzehnten nach dem Bürgerkrieg bekannt. In der Tat gab es um 1900 zweiundzwanzig Colleges für Homöopathie und mehr als 100 homöopathische Kliniken. Etwa jeder fünfte Arzt war Homöopath.

Die Praxis der homöopathischen Heilkunde war mit der Einführung der modernen Medizin rückläufig. Doch seit 1980 steigt das Interesse an dieser Heilkunst in den Vereinigten Staaten wieder. Mehrere europäische Länder haben die Homöopathie als offiziellen Bestandteil ihres staatlichen Gesundheitssystems eingeführt.

---

* Auch wenn die Darstellung in diesem Kapitel aus amerikanischer Sicht geschrieben ist und amerikanische Verhältnisse und Beispiele enthält, ändert dies nichts an der Gültigkeit der Empfehlungen von Mrs. Prophet. Viele der hier vorgestellten Heilungsansätze haben in Deutschland allerdings längst den Eingang in die traditionellere Medizin gefunden und/oder werden von den gesetzlichen Krankenkassen gefördert oder gar vollständig übernommen (Badekuren, Yoga-Kurse, etc.). Wir empfehlen Ihnen daher, vor einer evtl. privaten Anwendung den Kontakt zu Ihrer Krankenkasse zu suchen und sich hierüber zu informieren. Verlag "Die Silberschnur"

Das Wort "Homöopathie" leitet sich vom Griechischen ab und bedeutet "ähnlich" und "leiden". Die Homöopathie basiert auf dem "Ähnlichkeitsprinzip", einem Prinzip, das man in chinesischen und indischen Texten gefunden hat, die bereits vor 5.000 Jahren geschrieben wurden und sich auf Hippokrates und Paracelsus berufen. Das Ähnlichkeitsprinzip postuliert, dass Ähnliches mit Ähnlichem geheilt wird. Auf die Homöopathie angewandt bedeutet dies, dass eine Substanz, die bei einer gesunden Person bestimmte Symptome *hervorruft*, die gleichen Symptome bei einer kranken Personen *heilen* kann, wenn sie in geringsten Dosen verabreicht wird. Das gleiche Prinzip benutzt man bei der Behandlung von Allergien, indem man minimale Dosen eines Allergens einschließlich geringer Dosen von Viren oder Bakterien für Impfungen verwendet, um das Immunsystem aufzurütteln.

Mittlerweile hat man mehr als 2.000 homöopathische Mittel aus natürlichen Substanzen des Pflanzen-, Mineralien- und Tierreiches entwickelt. Das Ministerium für Gesundheit und Ernährung regelt die Herstellung und den Verkauf dieser Mittel. Anders als die meisten konventionellen Medikamente dienen homöopathische Mittel nicht dazu, Symptome zu behandeln oder zu unterdrücken. Stattdessen packen sie die Probleme bei der Wurzel und stimulieren den Körper zur Selbstheilung.

Wenn man von der Erkenntnis ausgeht, dass sich geistige und emotionale Störungen in unserer körperlichen Verfassung widerspiegeln, stellt man fest, dass die Homöopathie nicht nur körperliche Probleme angeht, sondern auch die emotionalen und geistigen Symptome, die diese begleiten. Die Homöopathie geht auch von der Vorstellung aus, dass jeder Mensch einmalig ist, und dass es für jeden Zustand auch ein perfektes Mittel gibt. Zur Diagnose der Beschwerden stellt der Homöopath Fragen zur geistigen, emotionalen und körperlichen Verfassung des Patienten, um ein genaues "Symptombild" zu bekommen. Das passende Mittel, das all diese Symptome abdeckt, wird den Körper zur Reaktion anstoßen, sodass er sich wieder selbst ins Gleichgewicht bringt.

Joyce Waid, eine Homöopathin mit über 25-jähriger Praxiserfahrung, sagt, dass mit Hilfe des Einsatzes von homöopathischen Mitteln verschiedene Schichten des Ungleichgewichts gleichsam abgeschält werden können. "Im Idealfall stoßen wir in immer tiefere Schichten vor, und alles wird immer klarer", sagt sie. "Die Homöopathie kann uns helfen, Energien, die die Funktion unserer Chakren stören und uns daran hindern könnten, unser gesamtes Potenzial zu entfalten, zu bearbeiten und aufzulösen."

Da die homöopathischen Mittel jenseits der Zeit wirken, so sagt sie, kann man auch Zustände angehen, die die Folge von Erlebnissen in der Kindheit oder gar von ererbten Schwächen in der Familie sind. “Ziel ist es, die Schwächen abzulegen, die uns hemmen”, sagt sie, “und mehr und mehr die Persönlichkeit zum Ausdruck zu bringen, die wir wirklich sind.”

Homöopathische Mittel sind nicht teuer und können in den meisten Fällen begleitend zu medizinischen Standardbehandlungen verabreicht werden. Es gibt viele Bücher und sogar Software zum Eigengebrauch. Sie können sich aber auch an einen erfahrenen Homöopathen wenden, der dann Ihren persönlichen Bedürfnissen entsprechend ein komplettes Programm erarbeiten wird.

## Ernährung und Vitamintherapie

“Ein Apfel am Tag hält den Doktor fern” - dieses Sprichwort mag im 19. Jahrhundert zutreffend gewesen sein, heute jedoch stimmt dies nicht mehr. In dem Zeitraum von der Ernte bis zu dem Moment, wo das Essen auf unserem Teller landet, kann es bereits die Hälfte bis 3/4 seiner Nährstoffe verloren haben.

Vor 50 Jahren enthielten beispielsweise 100 Gramm Spinat noch 158 mg Eisen. Heutzutage enthält die gleiche Menge Spinat nur noch 2,2 mg Eisen. Viele

Faktoren können dafür verantwortlich sein - angefangen bei nährstoffarmen Böden über Umweltverschmutzung bis hin zum Verlust von Nährstoffen über Trocknungsprozesse, Lagerung, Hydrierung, Feinstfiltrierung und radioaktiver Bestrahlung. Ganz oben auf die Liste dieser Faktoren können viele von uns Stress setzen - in Form von emotionalem Druck, körperlicher Überarbeitung und Schlafmangel - Stress, der unseren Vorrat an Vitaminen und Mineralien förmlich auffrisst.

Anlässlich solcher Statistiken haben viele Gesundheitstherapeuten die Schlussfolgerung gezogen, dass die übliche amerikanische Ernährung nicht die nötigen Nährstoffe für eine vitale Gesundheit liefert, und dass die meisten von uns gute Nahrungsergänzungsmittel benötigen. Eine gesunde Ernährung bezieht sich jedoch nicht nur darauf, was wir essen oder nicht essen. Es geht hier auch um Reinigung und die Art und Weise, wie unser Verstand, Körper und Geist harmonisch aufeinander abgestimmt arbeiten.

Wenn wir in den Spiegel schauen und Probleme erkennen, sehen wir den äußeren Spiegel unserer inneren Gleichgewichtsstörungen, sagt die Bestseller-Autorin, Ernährungsspezialistin und Gesundheitsberaterin Ann Louise Gittleman. Diese werden nicht allein durch schlechte Ernährung verursacht, sondern auch durch eine Überbelastung mit Giftstoffen und geistige, emotionale oder spirituelle Blockaden. "Es ist wichtiger denn je zuvor, uns dieser Toxine zu entledigen und uns um unsere körperliche Gesundheit zu kümmern, sodass unsere Spiritualität durch uns hindurchscheinen kann", sagt Gittleman. "Die richtige Ernährung, innere Reinigung und ein Gleichgewicht der Hormone sind die Tore zu natürlicher Schönheit und Vitalität." [1)]

Die sieben Grundpfeiler, die uns helfen können, in der Balance zu bleiben und in Schönheit zu strahlen, so sagt sie, sind:

1) ein gereinigter Organismus
2) reines Wasser
3) kraftvolle Proteine (mageres Fleisch und Fisch, der reich an Omega-3-Fettsäuren ist, wie beispielsweise Lachs und Forelle)
4) Schönheitsöle
5) Obst und Gemüse, die uns Energie bringen und unser Immunsystem anregen (frisch, biologisch und kohlehydratarm)
6) ein ausgeglichener Hormonhaushalt und
7) Vitamine, Mineralien und Antioxidantien, die unsere Vitalität wieder herstellen.

Laut Gittleman bedeutet Entgiften nicht gleich Fasten oder Nahrung zu sich zu nehmen, von der man vorher noch nie etwas gehört hatte. Tatsächlich haben Forschungen erwiesen, dass zum Entgiften auch die richtige Nährstoffversorgung erforderlich ist, sodass die Leber ihre Funktion erfüllen kann. Die Leber entgiftet und filtert alles, was wir zu uns nehmen. Sie ist einer der Schlüssel zur Gesundheit. Alles, angefangen bei hochraffinierten Nahrungsmitteln und Konservierungsstoffen über Koffein, Alkohol, Smog, Passivrauchen bis hin zur Einnahme der "Pille" kann dazu führen, dass die Leber in ihrer Funktion eingeschränkt wird.

Eine träge Leber kann schwere Auswirkungen auf andere Bereiche Ihres Lebens haben. "Ungelöste Wut, auch über lange Zeit, sowie Depressionen - die emotionalen Marker für eine Gefährdung der Leber - verhindern, dass die Körperenergien so fließen, wie sie sollten", sagt Gittleman.[2)] Dies kann zu einer ganzen Palette von Folgesymptomen führen, wie etwa: absplitternde oder brüchige Fingernägel, Stimmungsschwankungen, Hormonschwankungen, Angstzustände, vernebeltes Denken, frühzeitiges Einsetzen der Menopause, Hitzewallungen und Verdauungsbeschwerden.

Neben den oben erwähnten sieben Pfeilern der Gesundheit empfiehlt Gittleman, die Leber und alle Körpersysteme zu unterstützen, indem wir Lebensmittel der Saison zu uns nehmen, ein Konzept, das aus der traditionellen chinesischen Medizin stammt.[3] Sie betont auch, dass bestimmte Arten von Fett für unsere Gesundheit und unseren Reinigungsprozess von zentraler Bedeutung sind, da sie die fettlöslichen Toxine, die in den Fettgeweben unseres Körpers sitzen, an sich binden und deren Ausscheidung aus dem Körper bewirken. Eine tägliche Dosis von einem Esslöffel Leinsamenöl, der reichsten Quelle für Omega-3-Fettsäuren auf der Welt, genügt, um Sie wieder "auf Hochtouren zu bringen", sagt Gittleman.

Sie weist auch auf die Bedeutung des Vitamin-B-Komplexes hin, um die Nerven zu beruhigen und zu vermeiden, dass man "fertig" aussieht; auf die Bedeutung von Zink, um Angstzustände zu lindern und die Wundheilung sowie den Haarwuchs zu fördern; die Rolle von Vitamin D bei der Kalziumaufnahme und für die Stärkung der Knochen sowie von Magnesium, um zur Ruhe zu kommen. Schließlich und endlich sagt Gittleman noch: "Wir müssen zu informierten Verbrauchern werden und uns selbst weiterbilden."

Einige heilkundliche Traditionen raten auch, so zu essen, wie es dem Umfeld entspricht, in dem wir leben. Die Ärztin für Naturheilverfahren, Elisabeth Kirchhof, beispielsweise rät: "Stellen Sie sich selbst die Frage: 'Könnte dieses Nahrungsmittel hier wachsen, wo ich lebe?' Je mehr Nahrungsmittel Sie zu sich nehmen, die eine ähnliche Energie haben, wie Ihr Wohnort, weil sie dort wachsen können, desto stärker werden Sie körperlich, spirituell und emotional."

Welche Auswirkungen hat unser körperlicher Zustand auf unsere Energiezentren? "Wenn Ihr Organismus vergiftet ist, können Sie kein Licht speichern", sagt Gittleman. Ihre jahrelangen Erfahrungen in Einzelgesprächen haben ihr gezeigt, dass Menschen, die ihren Körper entgiften, auch beginnen, andere Bereiche in ihrem Leben aufzuräumen. "Wenn ein Mensch körperliche Reinheit erlangt hat, ist er viel offener im Umgang mit unangenehmen oder vergiftenden Emotionen, die er bis dahin unterdrückt hatte. Unaussprechliche Worte können nun ausgesprochen werden", sagt sie. "Die innere körperliche Reinigung ist ein sehr praktischer und wichtiger erster Schritt, um zu geistiger Klarheit zu gelangen."

## Akupunktur

Die Akupunktur, eine alte chinesische Praktik, ist eine der beliebtesten alternativen Heilmethoden von heute. Die Weltgesundheitsorganisation (WHO) sagt, dass diese Methode benutzt werden kann, um mehr als 40 Beschwerden zu behandeln. Gemäß der traditionellen chinesischen Medizin erreicht man Gesundheit und Vitalität, wenn der Strom der Energie durch alle Körpermeridiane üppig strömt. Die Meridiane sind die Kanäle, durch die unsere Lebensenergie (Qi oder Chi) in unsere Organe und unseren gesamten Körper fließt.

*»Wenn wir unser natürliches Wesen wieder in Ordnung bringen, ist das so, als würden wir ein Saiteninstrument stimmen.«*

- WANG CHE

Ein Akupunkteur setzt feinste Nadeln auf die verschiedenen Punkte entlang der Meridiane, um den Energiefluss zu oder von den Organen, die schwach sein könnten, zu erhöhen oder zu reduzieren, und so die Balance im Körper wiederherzustellen. Zur Unterstützung ihrer Heilarbeit setzen manche Akupunkteure auch Kräuter und andere Behandlungsmethoden ein.

Die Akupunktur richtet ihren Blick auf den Körper, auf Emotionen und auf den Geist, um ein vollständiges Bild dessen zu erhalten, was für die Heilung nötig ist. “Immer wenn unsere Emotionen aus dem Gleichgewicht geraten sind”, sagt die Akupunkteurin Saskia Peck, “ist auch ein Ungleichgewicht im Körper vorhanden, und umgekehrt, da man das Körperliche und Emotionale nicht voneinander trennen kann. Ist das energetische Gleichgewicht der Körperenergien wiederhergestellt, dann wird sich auch die emotionale Balance wieder einstellen."

Wie bei jeder anderen Heiltechnik auch, müssen wir in unserem Leben Dinge zurechtrücken, wenn die Balance, die die Akupunktur herbeiführt, von Dauer sein soll. "Wenn Sie sich unter starkem Stress befinden, müssen Sie Ihr Leben anders betrachten, damit Sie nicht mehr das gleiche Muster erschaffen", sagt Peck. "Vielleicht müssen Sie Ihre Ernährung umstellen, damit sie in Ihrem Körper keine Disharmonien hervorruft. Vielleicht müssen Sie meditieren, damit Sie friedvoller werden. Vielleicht müssen Sie Ihre emotionalen Reaktionen auf die Umstände in Ihrem Leben verändern."

Die Einhaltung einer ausgewogenen Ernährung, körperliche Übungen und ein harmonischer Lebensstil werden gemeinsam zu Ihrem Wohlbefinden beitragen. "Wo Harmonie herrscht, kann Energie frei fließen", sagt Peck. "Wenn Sie in Ihrer Mitte sind, wenn Sie im Frieden sind und Ihr Körper stark ist, sind auch Ihre Organe und Energiezentren stark - und Sie werden körperliches, emotionales und spirituelles Wohlbefinden genießen."

## Kräuterheilkunde

Kräuter wurden seit jeher dazu verwendet, um den Körper zu heilen, den Geist zu klären und die Seele zu besänftigen. Der Indianer "Morning Dove" sagte einmal: "Alles auf Erden hat seinen Sinn, jede Krankheit ein Kraut für ihre Heilung und jeder Mensch eine Mission."

Kräuter und Kräutermedizin unterstützen die natürlichen Selbstheilungskräfte des Körpers, indem sie unser inneres Terrain reinigen und stärken. Die zahlreichen Inhaltsstoffe der Kräuter wirken synergetisch. Die Kräuter lassen sich leicht vom Stoffwechselsystem aufschließen und vom Körper verarbeiten.

"So, wie Kräuter unseren Körper heilen können, können sie auch unsere Emotionen und unseren Geist heilen", sagt Kirchhof, die schon seit nahezu 30 Jahren mit Kräutern arbeitet. "Man kann Kräuter benutzen, um den Organen, die mit den Chakren in Verbindung stehen, Spannkraft zu verleihen, sie zu reinigen und zu verjüngen. Sind die Schlacken aus dem Körper entfernt, so können die Chakren wieder mit neuer Vitalität erstarken."

Man kann Kräuter innerlich einnehmen (als Tinktur, Kapseln oder Tee) oder äußerlich anwenden (als

Öleinreibung oder Kräuterpackung). Jeder hat theoretisch die Möglichkeit, im Selbststudium von der Kräuterheilkunde zu profitieren. Vielleicht wünschen Sie jedoch auch professionellen Rat, um zu verstehen, wie Kräuterheilmittel andere Therapien, die Sie möglicherweise einsetzen, begleitend ergänzen können. Leiden Sie unter einem ernsthaften chronischen Gesundheitsproblem, so wenden Sie sich am besten an einen Gesundheitsexperten, der auf dem Gebiet der Kräuterheilkunde ausgebildet ist, etwa einen Heilpraktiker oder einen Arzt für Naturheilverfahren.

## Bachblütenmittel und andere Blütenessenzen

Blüten haben ebenso wie Kräuter heilende Eigenschaften. Ein Gebiet der Medizin, das sich der Heilkraft der Pflanzen verschrieben hat, wurde in den 30er Jahren des 20. Jahrhunderts von Dr. Edward Bach entwickelt, einem britischen Arzt, Bakteriologen und Pathologen. Bach erkannte, dass jeder Krankheit eine emotionale Disharmonie zu Grunde liegt und die Heilung erfolgreicher verläuft, wenn man den Patienten auf der Grundlage bestimmter persönlicher Charakterzüge an Stelle der spezifischen Krankheit behandelt. Seine 38 Bachblütenmittel, die von Wildblumen und den Blüten wilder Sträucher, Büsche und Bäume stammen, werden in flüssiger Form in geringen Dosen eingenommen. Diese Mittel werden auf der Basis verschiedener emotionaler Tendenzen verordnet und wirken auf den feinstofflichen Ebenen unseres Seins. Sie helfen uns, die inneren Ursachen unserer äußeren Krankheiten zu erkennen und mit diesen zu arbeiten, um innere und äußere Heilung zu bewirken.

Für Bach ist "Krankheit im Grunde die Folge eines Konfliktes zwischen Seele und Verstand. Sie ist durch nichts anderes zu entfernen, als durch spirituelle und mentale Bemühungen." Er sagte, dass Krankheit die Folge tiefsitzender und langfristig agierender Kräfte ist, und dass, selbst wenn "eine materielle Behandlung allein erfolgreich erscheint, dies nur eine momentane Erleichterung darstellt, bis die wahre Ursache beseitigt ist."

Kirchhof verordnet die Bachmittel, wenn ein Patient Hilfe für eine zu Grunde liegende negative emotionale Einstellung benötigt. "Wenn wir in eine geistige oder emotionale Sackgasse geraten sind, und nicht mehr wissen, wie wir dort herauskommen sollen, können die Bachmittel uns helfen, diese Situation sanft zu überwinden", sagt sie. Gittleman bezeichnet die Bachblütenessenzen als "Psychotherapie aus der Flasche". Eines der bekanntesten Rezepte von Bach ist sein Notfallmittel, die so genannten "Nottropfen". "Die Nottropfen haben mich und meine Klienten durch viele stressige Situationen geleitet", sagt Gittleman, "einschließlich Autounfälle, Operationen, Scheidungen, Gerichtstermine sowie ganz gewöhnliche alltägliche Ängste und Spannungen."[4)]

Inzwischen führen viele Reformhäuser und Naturkostläden die Bachblütenmittel. Man wählt sie anhand der Symptome aus. Es werden derzeit auch neue Rezepte für Blütenessenzen entwickelt und auf den Markt gebracht.

## Chiropraktik

Der Ansatz der Chiropraktik in Bezug auf die Gesundheit besteht in der Behandlung des Skeletts und der Muskeln, um Harmonie in die Struktur des Körpers und des Nervensystems zu bringen. Das Wort "Chiropraktik" leitet sich vom Griechischen ab und bedeutet "effektive Behandlung mit der Hand". Chiropraktiker justieren die Knochen und Gelenke, insbesondere die Wirbelsäule, um den Körper wieder "gerade zu biegen".

Diese Art von Therapie geht von der Annahme aus, dass eine gestörte Nervenfunktion zu Krankheit führen kann. Es gibt 31 Rückenmarks-Nervenpaare, die seitlich aus der Wirbelsäule austreten. Sie bilden ein miteinander verwobenes Netzwerk, das jedes Gewebe des Körpers versorgt. Ist die Wirbelsäule in Ordnung, so können die Nerven auch problemlos funktionieren.

Auch die Chiropraktik sieht den Körper als selbstregulierenden Organismus, der sich selbst heilen kann. Sowohl die Struktur als auch die Verfassung des Körpers haben Auswirkungen darauf, wie gut der Körper sein Heilungspotenzial umsetzen kann.

Dr. Merle Bouma, die die Chiropraktik seit 35 Jahren praktiziert, sagt, dass die Chiropraktik im Gegensatz zu manchen Gesundheitstherapeuten, die von einem geistigen, emotionalen oder spirituellen Ansatz her arbeiten, um körperliche Heilung zu bewirken, "körperliche Mittel einsetzt, um die spirituelle, geistige und emotionale Gesundheit zu unterstützen".

Er sagt, dass die Behandlung der Muskeln und des Skeletts nur der Anfang dessen ist, was ein Chiropraktiker wirklich tut. "Wenn Chiropraktiker Menschen behandeln", sagt Bouma, "sind ihre Hände in Wirklichkeit Instrumente der Heilung. Die Energie in den Händen ist wie ein Instrument in dem Sinne, dass sie von den Rezeptoren des Nervensystems eine Reaktion abruft. Über die Hände treten wir mit den Energie- und Reflexzentren in Kontakt, die mit den verschiedenen Systemen des Körpers in Verbindung stehen und helfen, diese zu harmonisieren."

## Aromatherapie

Aromatherapie ist eine Heilkunst, die versucht, die körperliche und emotionale Gesundheit zu verbessern, indem sie essenzielle Aromaöle einsetzt, die aus der Apotheke der Natur stammen. Ätherische Öle haben eine lange Geschichte und sind bereits in den heiligen Schriften vieler Weltreligionen erwähnt.

Ätherische Öle sind konzentrierte flüchtige Öle, die aus den Wurzeln, Stängeln, Blättern, Blüten und anderen Pflanzenteilen destilliert werden. Sie können auf unterschiedliche Weise eingesetzt werden, z. B. über Massage, Bäder, Kompressen und Inhalation.

Werden die Öle beispielsweise über eine Aromalampe in der Luft verteilt, so wird das Aroma der Pflanzen über die Geruchsnerven auf die Gehirnzonen übertragen, die körperliche, emotionale und geistige Reaktionen anregen können. Werden die Öle zur Massage oder zum Baden verwendet und dabei über die Haut aufgenommen und im ganzen Körper verteilt, kann dies den Körper innerhalb von 20 Minuten ansprechen.

Neben ihren zahlreichen stärkenden Wirkungen werden die ätherischen Öle auch eingesetzt, um Muskeln zu entspannen, die Durchblutung anzuregen, Schmerzen zu lindern, das Immunsystem anzuregen, körperlichen, emotionalen und geistigen Stress abzubauen und Bakterien, Infektionen und Pilze zu bekämpfen. Ätherische Öle werden auch benutzt, um allergische Reaktionen auf die Umwelt zu behandeln, indem die Giftstoffe neutralisiert werden, die in der Luft oder in der Umgebung, wie etwa im Teppich, an den Wänden oder an der Decke, auftreten können.

Gesundheitstherapeuten, einschließlich Ärzte, beginnen heute, ätherische Öle einzusetzen, um ihre Behandlungen zu unterstützen. In Europa, wo es bisher bereits mehr medizinische Forschungen über den Einsatz der Aromatherapie gibt als in den Vereinigten Staaten, ist der Einsatz dieser Heilmethode weiter verbreitet als in den Vereinigten Staaten. Viele europäische Apotheken führen inzwischen ätherische Öle.

Wie andere integrative Heilmethoden, unterstützt auch die Aromatherapie den Körper, Verstand und Geist, und führt zu einer Stärkung des Körpers, sodass er sich selbst heilen kann. Anna Maya Eisvang, eine langjährige Dozentin im Bereich natürlicher Gesundheit und Aromatherapie, sagt, dass wissenschaftliche Studien ergeben haben, dass ätherische Öle eine hohe Schwingungsfrequenz besitzen, die zwischen zirka 50 MHz und 320 MHz variiert. "Der Einsatz von ätherischen Ölen unterstützt die Frequenzbildung im Körper", sagt sie, "und stärkt damit im Körper den natürlichen Energiefluss durch die Meridiane und das Chakrensystem und erhöht die Immunität."

Man betrachtet die ätherischen Öle als effektiv, denn sie wirken auf der Zellebene. "Körperliche, emotionale und geistige Blockaden können den Austausch von Nährstoffen innerhalb der Zellen und die Freisetzung von Giftstoffen aus den Zellen hemmen", sagt Eisvang. "Ätherische Öle haben Eigenschaften, die auf der Zellebene zur Verjüngung führen."

Eisvang sagt, dass ätherische Öle nicht das Gleiche sind wie Parfümöle und Duftöle, die synthetische Chemikalien enthalten können. Damit ätherische Öle therapeutische Qualitäten besitzen, müssen die Pflanzen für die Öle biologisch angebaut und sorgfältig geerntet und destilliert werden. Diese Öle dürfen nicht mit Erdölprodukten verschnitten oder verdünnt sein.

Eine einfache Möglichkeit zum Einstieg in die Benutzung ätherischer Öle, so sagt Eisvang, besteht darin, ein therapeutisches Öl der Güteklasse A zu benutzen, das Ihrem Zustand entspricht, einen Tropfen davon in die Hände zu geben, die Handflächen aneinander zu reiben und diese dann unter die Nase zu halten, um den Duft einzuatmen. Diese Öle können eine starke Wirkung besitzen und verflüchtigen sich dennoch rasch.

## Yoga

Das Yoga wurde in Indien vor etwa 5.000 Jahren entwickelt. Das Wort "Yoga" bedeutet "Vereinigung". Ziel war die Vereinigung mit dem Göttlichen und dem wahren Selbst. Abgesehen von den spirituellen Einsatzzwecken wird Yoga heute auch von Tausenden von Menschen praktiziert, um sich zu entspannen, Stress unter Kontrolle zu bekommen, geistige Klarheit zu erlangen und die körperliche Fitness und Gesundheit zu steigern.

*»Energie ist ewige Freude.«*

- WILLIAM BLAKE

Forschungen haben ergeben, dass Yoga dabei behilflich sein kann, Ängste und Stress, Asthma, Rückenschmerzen, hohen Blutdruck, das Karpal-Tunnel-Syndrom, Kopfschmerzen und eine Reihe von weiteren Beschwerden und Krankheiten zu bewältigen oder zu kontrollieren. Es gibt viele Arten von Yoga, und sie alle umfassen typischerweise bestimmte Körperhaltungen,

Atemübungen und Meditationen. Yoga kann unsere Körperkraft stärken, indem es die Muskeln aufbaut. Die Atemübungen, die bei einigen Formen von Yoga begleitend angewandt werden, unterstützen die Zirkulation der universellen Lebenskraft (Prana oder Energie) durch den Körper. Dadurch werden Gesundheit und Vitalität gefördert.

## Massage

Für Hippokrates, den Vater der westlichen Medizin, bildete die Massage einen wichtigen Bestandteil jeder Gesundheitskur. Wissenschaftliche Forschungen haben erwiesen, dass Massage neben der Entspannungswirkung auch therapeutische Qualitäten besitzt und die Rehabilitation unterstützt. Dadurch kann sie bei einer ganzen Reihe von Beschwerden von Nutzen sein.

Die Massage hilft, Giftstoffe auszuscheiden, Knochen, Muskeln und Bänder richtig zu justieren und den Gelenken wieder ihren vollen Spielraum einzuräumen. Einige Formen der Massage zielen auch darauf ab, Energieblockaden in der Tiefe zu lösen, und emotionale und sogar spirituelle Veränderungen in Gang zu setzen. Außerdem unterstützt die Massage, wie andere ganzheitliche Techniken auch, die Gesundheit, indem sie die natürlichen Selbstheilungskräfte des Körpers anregt.

Massage ist für diejenigen besonders hilfreich, die Knochen- oder Muskelverletzungen haben, inaktiv sind oder unter Stress stehen. Stress kann dazu führen, dass unsere Blutgefäße sich verengen, wodurch der Blutkreislauf gehemmt wird. Die Massage wiederum stimuliert das Nervensystem und regt die Durchblutung an. Dadurch fördert sie die Gesundheit unserer Muskeln und Organe.

Außerdem verstärkt die Massage den Fluss der Lymphe enorm, wodurch Bakterien aus den Geweben entfernt werden. Die Lymphe bewegt sich hauptsächlich durch unsere Lymphgefäße, wenn die Muskeln, die diese Gefäße umgeben, sich bewegen und zusammenziehen. Dadurch entsteht ein Massageeffekt. Wenn wir inaktiv sind, kann es zu Lymphstauungen kommen.

Es gibt viele unterschiedliche Arten von Massage. Sie sollten den Mut besitzen, mit einem Massagetherapeuten offen zu sprechen, um sicherzugehen, dass er oder sie die richtige Massage für Sie anbietet.

# Heilbäder

Ob es sich um einen Tagesbesuch in einer Bädereinrichtung oder um einen längeren Aufenthalt in einem Erlebnisbad weit von Zuhause entfernt handelt – das Badeerlebnis wird schnell zu einem wichtigen Bestandteil der Gesundheitsvorsorge vieler Menschen. Seit jeher war die Badekur eine natürliche Heiltherapie. Heutzutage bieten Kurbäder viele unterschiedliche Behandlungsformen an, einschließlich Massage, Hautpflege, Maniküre und Pediküre, Körperpeeling, Ganzkörperpackungen und Wassertherapien.

Die Behandlungen, die Heilbäder anbieten, sind weit mehr als nur pures Vergnügen und "Verhätschelung". Sie können Körper, Geist und Seele entspannen, neu auftanken und heilen. "Bestimmte Therapien, wie Mineralheilbäder unter Einsatz von Algen und Heilschlamm können den Mineralhaushalt wieder auffüllen, der durch Stress aufgezehrt worden ist", sagt Monica Tuma Brown, Beraterin für die Einrichtung von Kurbädern und frühere Leiterin eines Kurbades, deren Hauptinteresse der Hydrotherapie gilt.

Heilbäder sind laut Brown Nahrung von außen. "Wenn Sie eine Schüssel wertvollen biologisch angebauten

Salat essen, nehmen Sie Nährstoffe von innen auf. Sie führen Ihrem Körper jede Menge Folsäure, Magnesium, Vitamine und Eisen zu", sagt sie. "Mit einem Mineral- oder Moorbad oder einer Algen-Ganzkörperpackung nehmen Sie über die Haut Nährstoffe auf. Es ist, als würden Sie eine wertvolle Salatpackung anlegen."

Brown sagt, dass in etwa 1/4 der Heilbäder in den Vereinigten Staaten Wassertherapien eingesetzt werden. Das englische Wort für Heilbäder, "Spa", leitet sich wahrscheinlich vom Lateinischen "sanitas per aquas" ab und bedeutet "Gesundheit durch Wasser". Die ursprünglichen Badetherapien basierten immer auf dem Einsatz von Wasser.

Wassertherapien, die in Kuranstalten angeboten werden, können sich auf Ihre Gesundheit auf drei Weisen auswirken, sagt Brown. Erstens hat das Wasser verschiedene Wirkungen, je nachdem, was Sie in das Wasser hineingeben, wie etwa ätherische Öle, Haferkleie, Natriumbikarbonat oder was sich sonst so in den natürlichen Mineralquellen findet. Zweitens wird im Wasser unser Körpergewicht reduziert, sodass wir größere Mobilität im Wasser erreichen, wodurch die Heilung erleichtert werden kann. Drittens kann warmes und kaltes Wasser thermische Effekte haben, die entspannend oder stimulierend wirken. Die Hydrotherapie hat sich auch als hilfreich bei Störungen des

Blutkreislaufs, des Verdauungsapparates, des Lymph- und Nervensystems erwiesen.

Heute werden manche Badeorte zum Treffpunkt für traditionelle und komplementäre Therapien - zu einem Ort, an dem man ganzheitliche Gesundheitspflege erleben kann. Auf der dritten Etage des "Toppers Day"-Heilbades in Philadelphia hat das wissenschaftliche Institut für Wellness beispielsweise eine Reihe von Therapeuten angestellt, die verschiedene Bereiche abdecken, angefangen bei traditioneller Medizin über Chiropraktik, Homöopathie, Akupunktur, Naturheilkunde bis hin zu Yoga. Das Personal und die Ärzte des Kurbades empfehlen sich gegenseitig, wenn es für den Patienten erforderlich ist. Dieser ganzheitliche Ansatz ist auch in anderen Badestätten der neue Trend. "Wir werden in Zukunft immer mehr Heilbäder in Kombination mit Kliniken und Wellness-Centern finden, wo sowohl schulmedizinische als auch naturheilkundliche Therapien angeboten werden", prophezeit Brown.

John Fanuzzi, Präsident der "Golden Ratio Woodworks" stimmt hierin mit ihr völlig überein. "In den nächsten 10 Jahren wird der Trend in Richtung Fusion der Bäderindustrie mit den medizinischen und alternativen Heileinrichtungen gehen", sagt er. Fanuzzi, der auch die "Polarity-Therapie" praktiziert, ist selbst Pionier auf diesem Gebiet, indem er das "Wellspring

Institute" in Montana eröffnen wird, eine Kombination aus Behandlungs- und Trainingszentrum. Neben Badetherapien, wie feuchte Anwendungen und Ganzkörperpackungen mit Algen und Heilschlamm wird das Institut auch an bestimmten Wochentagen jeweils verschiedene alternative Heiltechniken anbieten.

„Den Menschen wird hier eine bunte Palette an Behandlungen angeboten werden", sagt Fanuzzi. Zusätzlich will Fanuzzi Konferenzen, Vorträge und Training für Fortgeschrittene zu einer ganzen Reihe von Techniken anbieten, wie etwa Massage, Hydrotherapie, Akupunktur, Kranio-Sakraltherapie sowie Licht-, Farb- und Klangtherapie.

"Diese Behandlungen können synergetisch wirken, um Menschen an einen Ort des Friedens zu führen, an dem sie sowohl körperliche als auch geistige Erfahrungen machen können," sagt Fanuzzi. "Es geht nicht nur um äußere Schönheit - es geht um die innere Schönheit. Mein Ziel ist es, jeden mit einer Erfahrung nach Hause zu schicken, die sein Leben verändern wird."

Ebenso wichtig wie die Therapien, die in Kurbädern angeboten werden, ist der "Wellness-Effekt" - die Tatsache, dass wir uns Zeit für uns selbst nehmen und die Notwendigkeit erkennen, sowohl den Körper als auch die Seele zu pflegen. "Wenn wir uns erlauben, uns in dieser technik-verrückten Welt für uns selbst Zeit zu nehmen", sagt Brown, "ist unsere nächste Erfahrung die, dass wir uns geistig und körperlich bewegt haben. In Kurbädern finden wir Menschen, deren höchstes Glück es ist, wenn andere Menschen sich wohl fühlen - ganz im Einklang mit dem Motto der Gesundheitsindustrie. Es geht nur darum, dass man sich der Menschen persönlich annimmt. Es geht um ganzheitliche Wellness und Verbundenheit."

# Anmerkungen

## Harmonisierung von Körper, Verstand und Geist

1. In der mystischen Tradition der Juden besteht der Lebensbaum aus 10 "Sefirot" oder göttlichen Strömen, die auf sieben Ebenen angesiedelt sind.

2. Dies ist die Positionierung der sieben Hauptenergiezentren. Insgesamt gibt es 144 Energiezentren im Körper.

3. Lao Tse, Tao Te King, übersetzt von Gia-fu Feng und Jane English (New York: Random House, Vintage Books, 1972), Kapitel 25.

## Erstes Energiezentrum: Wurzelchakra

Eingangszitat: Brian Walker, Hua Hu Ching: "The Unknown Teachings of Lao Tzu" (HarperSanFrancisco, 1992) Nr. 50, S. 62.

1. Ramana Maharishi, zitiert bei Stephen Mitchell, "The Gospel According to Jesus: A New Translation and Guide to His Essential Teachings for Believers and Unbelievers" (New York: HarperCollins Publications, HarperPerennial, 1991), S. 47.
2. Thomas Moore, "Care of the Soul: A Guide for Cultivating Depth and Sacredness in Everyday Life" (New York: HarperCollins Publishers, 1992), S. 271.
3. Sri Aurobindo, "The Role of Money", (Parabola: The Magazine of Myth and Tradition, Frühjahr 1991), S. 10f.
4. Barry Vissell und Joyce Vissell, "The Shared Heart: Relationship Initiations and Celebrations" (Aptos, Kalifornien: Ramira Publishing, 1984), S. 30f.
5. Kahlil Gibran, "The Prophet" (New York: Alfred A. Knopf, 1923), S. 15f.

## Zweites Energiezentrum: Sitz-der-Seele-Chakra

1. Daniel C. Matt, "The Essential Kabbalah: The Heart of Jewish Mysticism" (HarperSanFrancisco, 1996), S. 127.

2. Evangelium des Thomas, Sprüche 2, in James M. Robinson, Hrsg., "The Nag Hammadi Library in English", 3. Aufl. (HarperSanFrancisco, 1988), S. 126.

3. Siehe "Removing the Mask" von Mark L. Prophet und Elizabeth Clare Prophet, "The Lost Teachings of Jesus I" (Corwin Springs, Mont.: Summit University Press, 1994), 1. Kapitel

4. Edward F. Edinger, "Ego and Archetype: Individualization and the Religious Function of the Psyche" (Boston: Shambhala Publications, 1972), S. 103.

## Drittes Energiezentrum: Solarplexus-Chakra

1. "Karma" ist ein Wort aus dem Sanskrit und bedeutet "Handlung", "Aktion", "Wort" oder "Tat". Karma - sowohl im Positiven als auch im Negativen - ist die Auswirkung von Ursachen, die wir in der Vergangenheit in Gang gesetzt haben, sei es vor 10 Minuten oder vor 10 Inkarnationen. Karma ist die Folge unserer Gedanken, Worte und Taten.

2. Johannes 1, 2-4.

3. Walker, "Hua Hu Ching", Nr. 36, S. 42.

4. Jack Kornfield und Christina Feldman, Hrsg., "Soul Food: Stories to Nourish the Spirit and the Heart" (HarperSanFrancisco, 1996), S. 124f.

### So reinigen Sie Ihre Energiezentren

Eröffnungszitat: Walker, "Hua Hu Ching, Nr. 45, S. 55.

1. Weitere Informationen über die Violette Flamme und darüber, wie Sie sie in Ihrer spirituellen Praxis einsetzen können, erfahren Sie bei Elizabeth Clare Prophets "Spiritual Techniques to Heal Body, Mind and Soul" (engl. Hörkassette, 90 Minuten) und in folgenden Werken von ihr, die in der amerikanischen Reihe "Pocket Guides to Practical Spirituality" (erschienen bei Summit University Press) erschienen sind: "Violet Flame to Heal Body, Mind and Soul" (deutsche Fassung: "Die Violette Flamme", Silberschnur 2005) und "The Art of Practical Spirituality: How to Bring More Passion, Creativity and Balance into Everyday Life".

2. Fritjof Capra, "The Tao of Physics", 2. Aufl. (New York: Bantam Books, 1984), S. 141.

3. Die "Chakren-Affirmationen" und andere Gebete und Affirmationen zur Violetten Flamme finden Sie in dem Werk "Spiritual Techniques to Heal Body, Mind and Soul (siehe Anmerkung 1, oben).

## Viertes Energiezentrum: Herzchakra

1. Coleman Barks u.a., "The Essential Rumi" (HarperSanFrancisco, 1995), S. 92.

2. Dto., S. 109.

3. Doc Childre und Howard Martin, in Zusammenarbeit mit Donna Beech, "The HeartMath Solution" (HarperSanFrancisco, 1999), S. 37f.

4. Thomas Cleary, Übs. und Hrsg., "Vitality, Energy, Spirit: A Taoist Sourcebook" (Boston: Shambhala Publications, 1991), S. 233.

5. Thomas Merton, "Thoughts in Solitude" (Boston: Shambhala Publications, Shambhala Pocket Classics, 1993), S. 58.

6. Wing-tsit Chan, Übs., "The Way of Lao Tzu (Tao-te Ching)" (Indianapolis, Ind.: Bobbs-Merrill Company, 1963), Kapitel 78, S. 236.

7. Robert G. Henricks, Übs., "Lao-tzu: Te-Tao Ching" (New York: Ballantine Books, 1989), Kapitel 43, S. 108.

8. Cheng Man-ch'ing, "Master Cheng's Thirteen Chapters on T'ai-Chi Ch'uan", Übs. Douglas Wile (Brooklyn, N.Y.: Sweet Ch'i Press, 1982), S. 7.

## Fünftes Energiezentrum: Kehlchakra

1. Christmas Humphreys, Hrsg., "The Wisdom of Buddhism" (London: Curzon Press, 1987), S. 67f.

2. C.W. Leadbeater, "The Masters and the Path", 3. Ausgabe, verkürzt (Adyar, Madras: Theosophical Publishing House, 1969), S. 86f.

3. Dto., S. 87.

4. Siehe William J. Bennett, Hrsg., "The Book of Virtues: A Treasury of Great Moral Stories" (New York: Simon & Schuster, 1993), S. 74 - 78

5. Lao Tse, "Tao Te Ching", übersetzt von Feng und English, Kapitel 56 und 52

6. Humphreys, "The Wisdom of the Buddha", S. 68.

7. Dto., S. 67.

8. Thomas Cleary, Übersetzer, "The Essential Confucius: The Heart of Confucius' Teachings in Authentic I Ching Order" (HarperSanFrancisco, 1992), S. 27.

9. Stephen R. Covey, "The Seven Habits of Highly Effective People: Restoring the Character Ethic" (New York: Simon & Schuster, 1989), S. 134f.

10. Zweiter Mose 3, 13-15.

## Sechstes Energiezentrum: Drittes-Auge-Chakra

1. Kuthumi und Djiwal Kul, "The Human Aura: How to Activate and Energize Your Aura and Chakras" (Corwin Springs, Mont.: Summit University Press, 1996), S. 262, 266.

2. Matt, "The Essential Kabbalah", S. 116.

3. Napoleon Hill, "Think and Grow Rich", überarbeitete Auflage (New York: Ballantine Books, Fawcett Crest Book, 1960), S. 179, 181.

4. Siehe Elizabeth Clare Prophet und Mark L. Prophet, "Creative Abundance: Keys to Spiritual and Material Prosperity" (Corwin Springs, Mont.: Summit University Press, 1998), S. 96.

5. Aung San Suu Kyi gemeinsam mit Alan Clements, "The Voice of Hope" (New York: Seven Stories Press, 1997), S. 52f.

6. Dto., S. 114.

7. Dto., S. 157f.

## Siebtes Energiezentrum: Kronenchakra


1. Hill, "Think and Grow Rich", S. 178.
2. Kornfield and Feldman, "Soul Food", S. 351.
3. Marion L. Matics, Übs., "Entering the Path of Enlightenment: The Bodhicaryavatara of the Buddhist Poet Santideva" (London: George Allen & Unwin, 1971), S. 162f.
4. Merton, "Thoughts in Solitude", S. 141f.
5. Dto., S. 136.
6. Katha Upanishad, zitiert bei Bede Griffiths, "Universal Wisdom: A Journey through the Sacred Wisdom of the World" (London: HarperCollins Publishers, Fount, 1994), S. 57, 60, 62.


## Ganzheitliche Heilungsansätze


1. Ann Louise Gittleman, Interview, 16. Januar 2000; und Ann Louise Gittleman, "The Living Beauty Detox Program: The Revolutionary Diet for Each and Every Season of a Woman's Life" (HarperSanFrancisco, 2000), S. 2.
2. Gittleman, "The Living Beauty Detox Program", S. 32.
3. Siehe "The Living Beauty Detox Program", S. 49-107.
4. Gittleman, "The Living Beauty Detox Program", S. 151

# Über die Autorinnen

*Elisabeth Clare Prophet ist eine Pionierin in Techniken angewandter Spiritualität. Ihre Arbeiten vermitteln überdies die kreative Kraft des Klangs für die Entfaltung unserer Persönlichkeit und den Wandel der Welt. Seit den 60er Jahren hält sie Seminare und leitet Arbeitsgruppen in aller Welt zu den verschiedensten spirituellen Themen.*

*Patricia R. Spadaro ist Co-Autorin mehrerer Werke von Elizabeth Clare Prophet. Ihr besonderes Interesse gilt der praktischen Spiritualität und den mystischen Pfaden der spirituellen Traditionen unserer Welt.*

128 Seiten, broschiert,
€ [D] 5,95 / sFr 11,10
ISBN 3-89845-049-X

Elisabeth Clare Prophet

## Die Violette Flamme

### *Heilung für Körper, Geist & Seele*

Die Violette Flamme ist ein Licht, das allen Lebensformen dient und ihnen Achtung und Würde verleiht. Sie ist ein Mittel, sich untereinander zu verbinden und eine Form spiritueller Energie. Sie ist das Attribut des geheimnisvollen Grafen St. Germain, dessen Botschaften E. C. Prophet unter anderem empfängt und weitergibt. Heiler und Alchemisten in aller Welt nutzen diese hochfrequente Energie, um Harmonie und Frieden in diese Zeit des spektakulären Übergangs in ein neues Bewusstsein zu bringen. Der Leser erhält in diesem Band unserer "Kleinen Reihe" das Rüstzeug, um mit der Violetten Flamme zu arbeiten.

288 Seiten, broschiert
€ [D] 8,95 / sFr 16,50
ISBN 3-89845-060-0

Elizabeth Clare Prophet &
P. R. Spadaro

## Karma in der Praxis

### *– Die Zukunft gestalten*

"Karma in der Praxis" behandelt anschaulich die Themen Karma und Reinkarnation. Denn wir sind schon alle einmal hier gewesen. Das Buch zeigt dem Leser anhand von praktischen Beispielen, wie Aktionen aus seinem früheren Leben – gute oder böse – mit seinem heutigen Leben zusammenhängen. Er lernt aber auch viel über Gruppenkarma und erfährt, wie er karmische Begegnungen als große Chancen für seine Zukunft zu nutzen vermag.

256 Seiten, broschiert
€ [D] 8,95 / sFr 16,50
ISBN 3-89845-050-3

Elizabeth Clare Prophet &
P. R. Spadaro

## Alchemie des Herzens

***Wer mehr liebt, wird mehr geliebt***

In einem Fünf-Punkte-Programm wird das Herz des Lesers allmählich in eine höhere Frequenz seiner Liebesfähigkeit geführt. Es wird gezeigt, wie er sein Herz für höhere Schwingungen öffnen kann, wie er es stärkt und heilt und wie er es weiterhin vor niedrigen Schwingungen schützt, bis er schließlich ganz in sein Herz eindringt und sich so mit der göttlichen Liebe vereint. Meditationen und Affirmationen unterstützen den Leser dabei, in den Tempel seines Herzens einzudringen und sich mit seinem höheren Selbst zu verbinden.

128 Seiten, broschiert
€ [D] 5,95 / sFr 11,10
ISBN 3-89845-049-X

Elizabeth Clare Prophet

## Mit Engeln arbeiten

Dieses Buch bringt einem bei, wie man mit Engeln Freundschaft schließt, sodass diese bereit sind, ihre Hilfe uns zukommen zu lassen. Denn wir haben sie um ihre Hilfe zu bitten. Erst dann dürfen sie uns helfend zur Seite stehen. Hier werden die praktischen Schritte in einem Zehn-Punkte-Programm aufgezeigt, wie man sich mit ihnen in Verbindung setzt, sich weiterhin ihrer Hilfe vergewissert und in Zusammenarbeit mit ihnen viel Gutes für sich und andere bewirkt.

Dieses Büchlein ist nicht nur ein Ratgeber, sondern vor allem eine praktische Anleitung, seinem Leben mit Hilfe der Engel eine höhere Qualität zu geben.

208 Seiten, broschiert
€ [D] 7,95 / sFr 14,70
ISBN 3-89845-096-1

## Helga Schaub

# Befreiung von Dunkelmächten

Engel als Boten Gottes auf Erden sind seit jeher fester Bestandteil der Mythen, Erzählungen und Kunstwerke nahezu aller Kulturkreise. Dennoch leben wir in einer polaren Welt, in der gilt: wo Licht ist, da ist auch Schatten. Dieses Buch widmet sich daher bewusst der häufig vernachlässigten „anderen Seite“, den Dunkelmächten. Mit Hilfe dieses Buches lernen wir nicht nur die verschiedenen Erscheinungsformen des Bösen zu erkennen, sondern es bietet daneben ganz konkrete Hilfestellungen für Betroffene, damit diese – wie auch ihre Besetzer – den Weg zurück ins Licht finden.

192 Seiten, broschiert
mit 8 farb. Abbildungen
€ [D] 8,95 / sFr 16,50
ISBN 3-89845-063-5

## Mary Olsen Kelly

# Der Pfad der Perle

### *Entdecke deine inneren Schätze*

Perlenaustern, die einen irritierenden Fremdkörper nicht ausscheiden können, verwandeln ihn in ein schillerndes Kunstwerk der Natur. Dieser kleine Schatz, den Sie hier in Händen halten, beschreibt einen ähnlichen Weg im menschlichen Innenleben. Im Pfad der Perle lädt uns Mary Olsen Kelly dazu ein, unser Leben nach den sechs Kriterien zu betrachten, nach denen Juweliere Perlen beurteilen. Mit diesem Buch lernen wir nicht nur, unsere verschiedenen Facetten zu erkennen und zu akzeptieren, sondern uns auch über all die Schätze zu freuen, die wir durch die Überwindung der Probleme unseres Lebens gewonnen haben.